Heinrich von Storch, das „Handbuch der Nationalwirthschaftslehre“ und die Konzeption der „inneren Güter“

Wirtschaftswissenschaftliche Beiträge

Band 1
Christof Aignesberger
Die Innovationsbörse als Instrument zur Risikokapitalversorgung innovativer mittelständischer Unternehmen
1987. 326 Seiten. Brosch. DM 69,-
ISBN 3-7908-0384-7

Band 2
Ulrike Neuerburg
Werbung im Privatfernsehen
- Selektionsmöglichkeiten des privaten Fernsehens im Rahmen der betrieblichen Kommunikationsstrategie -
1988. 302 Seiten. Brosch. DM 69,-
ISBN 3-7908-0391-X

Band 3
Joachim Peters
Entwicklungsländerorientierte Internationalisierung von Industrieunternehmen
- Eine theoretische und empirische Analyse des Entscheidungsverhaltens am Beispiel der deutschen elektronischen Industrie -
1988. 165 Seiten. Brosch. DM 49,-
ISBN 3-7908-0397-9

Band 4
Günther Chaloupek
Joachim Lamel und Josef Richter (Hrsg.)
Bevölkerungsrückgang und Wirtschaft
- Szenarien bis 2051 für Österreich -
1988. 478 Seiten. Brosch. DM 98,-
ISBN 3-7908-0400-2

Band 5
Paul J. J. Welfens und
Leszek Balcerowicz (Hrsg.)
Innovationsdynamik im Systemvergleich
- Theorie und Praxis unternehmerischer, gesamtwirtschaftlicher und politischer Neuerung -
1988. 466 Seiten. Brosch. DM 90,-
ISBN 3-7908-0402-9

Band 6
Klaus Fischer
Oligopolistische Marktprozesse
- Einsatz verschiedener Preis-Mengen-Strategien unter Berücksichtigung von Nachfrageträgheit -
1988. 169 Seiten. Brosch. DM 55,-
ISBN 3-7908-0403-7

Band 7
Michael Laker
Das Mehrproduktunternehmen in einer sich ändernden unsicheren Umwelt
1988. 209 Seiten. Brosch. DM 58,-
ISBN 3-7908-0413-4

Band 8
Irmela von Bülow
Systemgrenzen im Management von Institutionen
- Der Beitrag der Weichen Systemmethodik zum Problembearbeiten -
1989. 278 Seiten. Brosch. DM 69,-
ISBN 3-7908-0416-9

Band 9
Heinz Neubauer
Lebenswegorientierte Planung technischer Systeme
1989. 183 Seiten. Brosch. DM 55,-
ISBN 3-7908-0422-3

Band 10
Peter Michael Sälter
Externe Effekte: „Marktversagen" oder Systemmerkmal?
1989. 196 Seiten. Brosch. DM 59,-
ISBN 3-7908-0423-1

Band 11
Peter Ockenfels
Informationsbeschaffung auf homogenen Oligopolmärkten
- Eine spieltheoretische Analyse -
1989. 163 Seiten. Brosch. DM 58,-
ISBN 3-7908-0424-X

Band 12
Olaf Jacob
Aufgabenintegrierte Büroinformationssysteme
- Allgemeines Datenmodell und Probleme der Realisierung -
1989. 177 Seiten. Brosch. DM 55,-
ISBN 3-7908-0430-4

Band 13
Johann Walter
Innovationsorientierte Umweltpolitik bei komplexen Umweltproblemen
1989. 208 Seiten. Brosch. DM 59,-
ISBN 3-7908-0433-9

Band 14
Detlev Bonneval
Kostenoptimale Verfahren in der statistischen Prozeßkontrolle
- Eine praxisorientierte Untersuchung -
1989. 180 Seiten. Brosch. DM 55,-
ISBN 3-7908-0440-1

Band 15
Thomas Rüdel
Kointegration und Fehlerkorrekturmodelle
- Mit einer empirischen Untersuchung zur Geldnachfrage in der Bundesrepublik Deutschland -
1989. 138 Seiten. Brosch. DM 49,-
ISBN 3-7908-0441-X

Konrad Rentrup

Heinrich von Storch, das „Handbuch der Nationalwirthschaftslehre“ und die Konzeption der „inneren Güter“

Mit 10 Abbildungen

Physica-Verlag Heidelberg

Reihenherausgeber
Werner A. Müller

Autor
Dr. Konrad Rentrup
Lehrstuhl für Volkswirtschaftstheorie
Westfälische-Wilhelms-Universität
Universitätsstraße 14-16
D-4400 Münster

ISBN 978-3-7908-0445-4 ISBN 978-3-642-52384-7 (eBook)
DOI 10.1007/978-3-642-52384-7

CIP-Titelaufnahme der Deutschen Bibliothek

Rentrup, Konrad:
Heinrich von Storch, das „Handbuch der Nationalwirthschaftslehre" und die Konzeption der „inneren Güter" / Konrad Rentrup. - Heidelberg; Physica-Verl., 1989
(Wirtschaftswissenschaftliche Beiträge; Bd. 16)
Zugl.: Münster (Westfalen), Univ., Diss.

NE: GT

7120/7130-543210

Vorwort

Diese Studie entstand als Dissertation am Lehrstuhl für Volkswirtschaftstheorie der Universität Münster. Sie befaßt sich mit dem wissenschaftlichen Wirken, dem Hauptwerk und einer zentralen theoretischen Konzeption des deutschstämmigen Frühklassikers Heinrich von Storch. Das Hauptwerk erschien 1815, also zwei Jahre vor Ricardos "Principles". Storch galt, soweit er in dogmengeschichtlichen Lehrbüchern überhaupt behandelt wird, als vorzüglicher Vermittler Smithscher und Sayscher Lehren. Peter Bernholz überraschte vor einigen Jahren mit dem Nachweis, daß Storch bereits das Wechselkursüberschießen beobachtete und erklärte. Der Verfasser dieses Vorworts konnte zeigen, daß Storch als Mitautor der Theorie komparativer Kostenvorteile gelten kann und daß er mit seinem "Geheimniß eines vorteilhafteren Betriebes" Schumpetersche Innovationsvorsprünge und die Konzeption des Technologielücken-Außenhandels vorwegnahm.

Konrad Rentrup weist im Teil A auf zwei weitere Pionierleistungen Storchs hin: Erstens ordnet er den Entwicklungsstufen einer Volkswirtschaft typische Schuldner- bzw. Gläubigerpositionen zu, wie dies später bei Röpke, Forstmann und Abb zu finden ist; zweitens interpretierte Storch wie kurz darauf Ricardo die Bodenrente konsequent als Differentialrente.

In Teil B gilt die Aufmerksamkeit Storchs Theorie der "inneren Güter" (oder "geselligen Bildung"), die aus Gesundheit, Geschicklichkeit, Schöngefühl, Sittlichkeit, innerer und äußerer Sicherheit sowie aus Muße bestehen und durch "unkörperliche Arbeit" bereitgestellt werden. Rentrup sieht diese bisher nur wenig beachtete Theorie als Reaktion auf Adam Smith' unglückliche Unterscheidung von produktiver und unproduktiver Arbeit, wobei letztere besonders von Karl Marx als Dienstleistungsarbeit gedeutet wurde und damit Storchs unkörperlicher Arbeit eng verwandt ist. Storch kann als Vorläufer der Marshallschen Faktorrente für Arbeit gelten, die bei ihm entweder auf Naturanlagen oder auf durch Humankapitalinvestition erworbenen besonderen Arbeitsqualitäten beruht; der Staat als Nachfragemonopolist für besonders ausgebildete Staatsbedienstete kann diese Rente abschöpfen. Rentrup entdeckt damit bei Storch die in der Neuen Institutionenökonomik von Williamson diskutierten faktorspezifischen Renten und deren Verletzlichkeit.

Die Studie zeigt ferner, wie sich der Bereich der "inneren Güter" im volkswirtschaftlichen Kreislauf berücksichtigen läßt, so daß sein Beitrag zum volkswirtschaftlichen Überschuß einer Periode sichtbar wird. Schließlich macht Rentrup darauf aufmerksam, daß die Haushalte in Storchs Untersuchung einen Teil der "inneren Güter" selbst erzeugen und damit ähnlich wie in Lancasters Neuer Konsumtheorie gesehen werden.

Möge diese Studie zur Entdeckung bzw. Wiederentdeckung Heinrich von Storchs beitragen, der nicht nur Vermittler klassischer Lehren war, sondern ein einfallsreicher Wegbereiter neuer Ansätze von damals und heute.

Jochen Schumann

Gliederung

Abbildungsverzeichnis

Seite:

Einleitung

Warum beschäftigen sich Ökonomen überhaupt mit der Geschichte der Wirtschaftstheorie? Warum wühlen sie in dieser "Rumpelkammer", wie Schumpeter[1] die Dogmengeschichte nennt, herum?

Gerade für die Wirtschaftswissenschaft ist die Beschäftigung mit der Geschichte der analytischen Arbeit besonders wichtig. Zum einen soll die Dogmengeschichte Veränderungen der ökonomischen Theorie in Abhängigkeit von den politischen, gesellschaftlichen und wirtschaftlichen Sachverhalten aufzeigen und diesen Wandel erklären. Zum anderen soll im Rahmen der Geschichte der Wirtschaftstheorie aufgezeigt werden, welche Methoden und Theorien der Historie in der modernen Wissenschaft weiterhin eine Rolle spielen, bzw. sie beeinflussen. Diese Arbeit versucht sowohl der ersten, der "relativistischen", als auch der zweiten, der "absolutistischen" Sichtweise,[2] auf der das Hauptgewicht liegen soll, gerecht zu werden.

Der relativistischen Sichtweise wird - wenn auch nur in geringem Umfang - vornehmlich in Kapitel A Rechnung getragen. Da Heinrich von Storch einer derjenigen Nationalökonomen ist, die in der Dogmengeschichte bisher vernachlässigt wurden, liefert Kapitel A zunächst einen biographischen Überblick. Parallel zur Beschreibung der historischen Situation Rußlands wird darüber hinaus versucht, Storchs Rolle in der russischen Wirtschaftspolitik zu erfassen. Daneben sollen wichtige Bestandteile des Storchschen Hauptwerkes "Cours d'Économie politique ou exposition des principes qui détérminent la propérité des nations: Ouvrage qui a servi à l'instruction de Leurs Altesse impérials les Grands-Ducs Nicolas et Michel", kurz "Cours d'Économie politique" genannt, vorgestellt werden.[3] Soweit Unterschiede zu anderen bedeutenden Ökonomen jener Zeit im "Handbuch der Nationalwirthschaftslehre"

---

[1] Vgl. Schumpeter, J. A., Geschichte der ökonomischen Analyse, 2 Bde., Hrsg.: Schumpeter, E. B., (im folgenden zitiert als Schumpeter, J. A., 1965), Göttingen, 1965, Bd. 1, S. 32.

[2] Vgl. Blaug, M., Economic Theory in Retrospect, rev. ed., 1968. Systematische Theoriengeschichte der Ökonomie, 3 Bde., (im folgenden zitiert als Blaug, M., 1971), München, 1971, Bd. 1, S. 23f..

[3] Storch v., H., Cours d'Économie politique ou exposition des principes qui détérminent la properite des nations: Ouvrage qui à servi a l'instruction de Leurs Altesse impérials les Grands - Ducs Nicolas et Michel, S. Petersburg, 1815. Deutsche Übersetzung von Rau, K. H., Handbuch der Nationalwirthschaftslehre, 3 Bde., Hamburg, 1819, (im folgenden zitiert als Storch v., H., 1819).

(der deutschen Übersetzung des Cours d'Economie) zu finden sind, gilt es, diese aufzuzeigen. Abschließend wird dann versucht, das "Handbuch" in die Dogmengeschichte einzuordnen.

In Kapitel B wird auf Storchs "Theorie der inneren Güter" eingegangen. Da wesentliche Aspekte dieser Theorie von Storch in den "Betrachtungen über die Natur des Nationaleinkommens"[4] vertiefend behandelt werden, findet diese Abhandlung Storchs in Kapitel B verstärkt Berücksichtigung. Nach einer Beschreibung dessen, was Storch unter den "inneren Gütern" begreift, soll in den einzelnen - der Gliederung zu entnehmenden - Abschnitten die Beziehung dieser Theorie zu den Ausführungen der englischen Klassiker und Say dargestellt werden. Weiterhin will Kapitel B zeigen, daß bereits Storch Ideen äußerte, die in der neueren Wirtschaftstheorie und Wirtschaftssoziologie diskutiert werden. Dieser Teil wird damit der "absolutistischen" Sichtweise gerecht.

Im abschließenden Kapitel C wird versucht, mögliche Vorläufer von Storchs Theorie der "inneren Güter" zu finden. Daneben beinhaltet es eine kurze Zusammenfassung der Ergebnisse und will auf offene Fragen hinweisen, deren Beantwortung zu einer Würdigung des Storchschen Gesamtwerkes nötig sind.

---

[4] Storch v., H., Betrachtungen über die Natur des Nationaleinkommens, Halle, 1825, (im folgenden zitiert als Storch v., H., 1825). Dieses Werk erschien zunächst 1824 in Paris in Französich, wurde dann von Storch selbst ins Deutsche übersetzt und veröffentlicht.

A. Heinrich von Storch, die Situation in Rußland, die Grundzüge seines Werkes und dessen Einordnung

1 Ein Überblick über Leben und Werk Heinrich v.Storchs

Heinrich Friederich v. Storch,[1] oder auch Andreij Karlowitsch Storch wurde am 15.[2] oder 18.[3] Februar 1766 in Riga geboren. Eine weitere Quelle gibt sein Geburtsdatum um 1765 an,[4] erscheint aber schon wegen der ungenauen Datierung als wenig glaubwürdig.

Aufgrund seines Geburtsortes muß Storch als russischer Staatsbürger angesehen werden; die Dogmengeschichte bezeichnet ihn aber nicht ohne Grund als deutschen Nationalökonomen. Riga war vom dreizehnten bis zum siebzehnten Jahrhundert durch den Ritterorden unter deutscher Herrschaft, jedoch hielt dieser Einfluß bis ins neunzehnte Jahrhundert an. Als Nachfahren der deutschen Ritter prägten Kaufleute und Handwerker die Entwicklung der gesamten Ostseeregion von Kurland bis Estland in kultureller und wirtschaftlicher Hinsicht. Auch wenn Riga selbst infolge von Kriegen erst polnisch, dann schwedisch und 1710 russisch wurde, betrachteten sich die Städte der Region selbst als Exklaven des Deutschen Reiches. Da auch sein Name deutschen Ursprungs ist, sein Vater als deutscher Edelmann bezeichnet wird[5] und seine spätere ökonomische Ausbildung in Deutschland erfolgte, darf Storch als russischer Staatsbürger mit deutscher Nationalität bezeichnet werden.

Den Grundstock seiner Bildung legte Storch[6] an der Domschule zu Riga, die er vom zwölften bis zum achtzehnten Lebensjahr besuchte. Aus dieser Zeit ist

---

1 Sich selbst nannte er aber immer nur Heinrich von Storch.

2 Vgl. Allgemeines Schriftsteller- und Gelehrten Lexikon der Provinzen Livland, Esthland und Kurland, bearbeitet von: Recke v., J.F., Napiersky,K. E., Mitau 1832-1859/61, 5 Bde., Neudruck der Original-ausgabe, Berlin, o.J., Bd. 4, S. 303.

3 Vgl. Wendt, P. D., ohne Titel, in: Rigaer Stadt blatt, S.75-77, 84-86, 106-111, 117-119, Riga 1837, S. 76.

4 Vgl. Universal-Lexikon oder vollständiges encyclopädisches Wörterbuch, 24 Bde., Hrsg.: Pierer, H. A., Altenburg, 1835, Bd. 22, S.211.

5 Bernholz, P., Flexible Exchange Rates in Historical Perspective, Princeton Studies in International Finance, Princeton, 1982, (im folgenden als Bernholz, P., 1982 zitiert), S. 14.

6 Als Grundlage zu den folgenden Daten und Ausführun gen dienten insbesondere folgende Werke: Allgemeines Schriftsteller- und Gelehrten Lexikon der Provinzen

lediglich bekannt, daß er schon in jungen Jahren ein Verehrer der russischen Zarin Katharina II. gewesen ist. Zum Krönungsfest der Kaiserin hielt Storch an der Domschule 1783 eine Lobrede auf die Monarchin. Im selben Jahr begann Heinrich v. Storch in Jena die universitäre Ausbildung. Allerdings beschäftigte ihn die Staatswissenschaft zunächst nur in Privatstudien, an der Universität besuchte er hingegen philosophische und juristische Vorlesungen.

Im Jahre 1786 verließ er Jena, um eine Reise durch Süddeutschland und Frankreich zu unternehmen, die schließlich in Heidelberg endete, wo er das Studium der Staatswissenschaften erneut aufnahm. Seine Reiseeindrücke veröffentlichte Storch bereits ein Jahr später unter dem Titel "Skizzen, Scenen und Bemerkungen, auf einer Reise durch Frankreich gesammelt" (Heidelberg, 1787). Diese Schrift, welche

> "die Aufmerksamkeit des Lesers durch anziehende Gemälde fesselt, schon entschieden von der Beobachtungsgabe des jungen Autors zeugt, so wie von seiner glänzenden, glücklichen oft dichterischen Einbildungskraft, und seiner zugleich natürlichen und angenehmen, ... reinen und vollendeten Schreibart,"[7]

weckte nicht nur das Interesse des lesenden Publikums,[8] sondern auch das seiner Lehrer. Insbesondere diese Schrift veranlaßte die Universität Heidelberg, Storch eine außerordentliche Professur (Professor adjunktus) der Staatswissenschaften anzutragen.

Auf Anraten des russischen Gesandten bei den Rheinkreisen, des späteren Reichskanzlers Grafen Rumjanzow, lehnte er diesen Antrag jedoch ab und ging zurück nach Rußland. Ob seine Staatsbürgerschaft, die potentielle Bedrohung durch die napoleanischen Truppen oder die Hoffnung, in Petersburg Karriere zu machen, Triebfedern zu diesem Entschluß waren, bleibt Gegenstand der Spekulation. Zweifelsohne bot die junge Stadt Petersburg neben ihren glanzvollen Residenzen und Gebäuden jungen und engagierten Menschen günstige Anstellungsmöglickeiten und große Karrierechancen.

Als richtig erwies sich dieser Entschluß bereits 1788, als Storch in Petersburg Professor der schönen Literatur beim Kadetten-Corps wurde. Seine Tätigkeit

---

Livland, Estland und Kurland, a.a.O.; Roscher, W., Geschichte der National-Oekonomik in Deutschland, München 1874; Wendt, P.D., a.a.O..

[7] Wendt, P.D., a.a.O., S. 77.

[8] Bereits nach drei Jahren, also 1790, erschien das Werk in der zweiten Auflage.

ermöglicht es ihm ein Jahr später, die Schrift "Allgemeine Anfangsgründe der schönen Wissenschaften" (Petersburg, 1789)[9] zu publizieren.

1790 verläßt Storch das Kadetten-Corps, um beim Reichskanzler Besborodko eine Anstellung als Sekretär bzw. Kollegiumsassesor anzunehmen, die es ihm ermöglicht, sich dem Studium der russischen Geschichte und Staatskunde zu widmen.[10]

Storchs Biographen bezeichnen ihn als offenen und liebenswürdigen Charakter, der gleichzeitig über analytische Fähigkeiten verfügt und durch Diskussionsfreudigkeit geprägt ist. Diese Fähigkeiten lassen ihn gesellschaftlich aufsteigen und ermöglichen ihm den Zugang zu gehobenen Kreisen, in denen sich auch einige deutschsprachige Diskussionspartner befunden haben dürften. Diese Vermutung liegt aufgrund des engen Verhältnisses des russischen Zarenhauses zu Deutschland nahe.

Neben den Ritternachfahren trugen insbesondere die von den Zaren ins Land gerufenen Techniker und Mediziner zur Weiterentwicklung Russlands bei. Vergessen werden sollten auch nicht die von Katharina II. ins Land gerufenen Bauern, aber auch die Dichter, Theaterleute und Gelehrten, die die Zarin an die Akademie berufen hatte. So lebte der junge Weimarer Dichter August von Kotzebue vorrübergehend, jedoch noch vor Storch, in Petersburg. Es ist aber zu vermuten, daß Storch Persönlichkeiten wie den aus Berlin stammenden Mediziner und Naturwissenschaftler Peter Pallas oder den Oberst Friederich Maximilian von Klinger aus Frankfurt am Main, den Erzieher des späteren Zaren Paul I., traf. Bekannt wurde Klinger vor allem durch sein Drama "Sturm und Drang", das einer ganzen Epoche ihren Namen gab. Außerdem weilten zu jener Zeit u. a. der Bildhauer Karl Leberecht, als Professor an der Akademie der Künste, der Gynäkologe Professor Phillip Fr. Th. Meckel und der Archäologe Heinrich Köhler in Petersburg.

In diesem Klima wuchsen weitere Veröffentlichungen heran, und Storchs erste statistische Arbeit "Gemälde von St. Petersburg" erschien 1793 bei dem auch in Petersburg angesehenen Verlag Hartknoch in Riga. Dieses Werk fand nicht nur in Petersburg selbst starkes Interesse, sondern wurde auch ins Englische, Französische und Schwedische übersetzt. Eine in die gleiche Richtung

---

9 Das Werk erschien in französischer Sprache.

10 Abweichend von anderen Quellen gibt Roscher an, daß Storch zu jener Zeit als Attaché im auswärtigen Ministerium tätig war.

zielende, aber weniger erfolgreiche Publikation erschien als "Statistische Uebersicht der Statthalterschaften des russischen Reiches nach ihren merkwürdigen Kulturverhältnissen" zwei Jahre später ebenfalls bei Hartknoch. Die "Statistische Uebersicht" diente Storch als Grundstein zu seinem nächsten Werk, welches auch ins Russische, Französische und Englische übertragen wurde. Es erschien in acht Teilen von 1797 bis 1803 unter dem Titel "Historisches statistisches Gemälde des russischen Reiches am Ende des 18 ten Jahrhunderts".

Aufgrund seiner in Petersburg verbreiteten Schriften wurde auch Katharina II. auf ihn aufmerksam, und 1796 wurde Storch korrespondierendes Mitglied der Akademie der Wissenschaften. Die Zarin selbst protegierte Storch und wollte ihn zu ihrem Privatsekretär ernennen, aber ihr Tod verhinderte diese Berufung. Jedoch blieb Storch dem Kaiserhaus verbunden, denn Maria Fevdorowna, die zweite Ehefrau des neuen Zaren Paul I., berief ihn zum Lehrer ihrer Kinder.[11] Damit folgte sie einem Entschluß Katharinas, die Storch noch vor ihrem Tode zum Erzieher ihrer Enkel bestellt hatte. So unterrichtete Storch, nachdem er 1797 zum Hofrat ernannt worden war, ab 1799 zunächst die Großfürstinnen Katharina, Maria und Anna und wurde 1801 Vorleser der Kaiserin Mutter.

Auf Paul I. folgte Alexander I. als neuer Zar. Dieser ließ 1803 die Akademie der Wissenschaften in Petersburg um den Bereich Statistik und politische Ökonomie erweitern. Storch vermochte sich gegen zwei weitere Kandidaten durchzusetzen und wurde mehrheitlich zum ordentlichen Mitglied der Akademie der Wissenschaften gewählt und in den Stand eines Staatsrates erhoben. Während seiner dortigen Tätigkeit veröffentlichte Storch von 1810 bis 1830 einige Abhandlungen in den Denkschriften der Akademie und eine "Systematische Übersicht der Literatur in Russland während des fünf jährigen Zeitraums von 1801 bis 1805" (St. Peters burg, Leipzig, 1811), die er gemeinsam mit Friederich Adelung verfaßte.

Zu Beginn seiner Tätigkeit an der Akademie unterrichtete er den späteren Zaren Nikolaus I. und dessen Bruder Michael in Fragen der Staatswissenschaften. Die Niederschrift des Unterrichtes bzw. seines Inhaltes, den Storch im Kaiserhaus zu vermitteln versuchte, bildete die Grundlage zu seinem

---

[11] In der Ehe von Maria Fevdorowna und Paul I. zeigt sich erneut die enge Verbundenheit des russischen Zarenhauses mit Deutschland. Sie war Tochter von Maria Sophie und Herzog Friederich III. von Württemberg

bedeutendsten Werk. Dieses wurde zunächst in französischer Sprache veröffentlicht, denn zu jener Zeit war auf dem europäischen Kontinent Französisch nicht nur die Sprache der gebildeten Schichten, sondern auch die der Literatur und Wissenschaft. Unter dem Titel "Cours d'Économie politique" erscheint es 1815 als 6 Bände umfassende Ausgabe in St. Petersburg. Unterstützt wurde die Veröffentlichung dieses Werkes durch Alexander I., der die Druckkosten finanzierte. Karl Heinrich Rau übersetzte es ins Deutsche und publizierte das Werk als zweibändiges "Handbuch der Nationalwirthschaftslehre" 1819 in Hamburg.[12] Ein dritter Band enthält neben den "Zugaben zu der Abhandlung der Nationalwirthschaftslehre", die als weiterführende Anmerkungen Storchs zu verstehen sind, Tabellen zum russischen Geldwesen, zudem Zusätze im Sinne von Kommentaren des Überset zers Rau. Eine Übersetzung des Werkes ins Russische blieb aufgrund der herrschenden Zensur aus.[13]

J. B. Say gab den "Cours d'Économie politique" ohne Wissen Storchs 1823 in Paris neu heraus und versah das Werk mit kritischen, aber auch hämischen Bemerkungen, insbesondere über die Ausführungen Storchs zu den "inneren Gütern". Der so Angegriffene reagierte darauf mit einer weiteren wissenschaftlichen Publikation. Diese erschien zeitlich eher als ursprünglich von Storch geplant unter dem Titel "Betrachtungen über die Natur des Nationaleinkommens" und ist eine Zusammenfassung seiner Vorlesungen zu diesem Thema. Zunächst erscheint die Abhandlung 1824 in französischer und ein Jahr später in eigener Übersetzung in deutscher Sprache.

Für seine Bemühungen und Arbeiten wurde Storch 1816 mit dem "königlich preussischen rothen Adler-Orden dritter Klasse" ausgezeichnet und zum wirklichen Staatsrat ernannt. Akademische Würdigungen wurden ihm durch die Ehrenmitgliedschaft an den Akademien zu München, Amsterdam, Harlem sowie Utrecht und den Universitäten zu Moskau und Charkow zuteil. Weiterhin erhielt er 1824 den Ritterorden "St. Wladimir zweiter Klasse" und 1826 den "St. Annen-Orden erster Klasse".

Ein Jahr später berief ihn sein ehemaliger Schüler Nikolaus I. in eine Kommission, die Entwicklungsmöglichkeiten des russischen Bildungssystems erar-

---

[12] Im Rigaer Stadtblatt wird außerdem darauf hingewiesen, daß auch eine Übersetzung des Werkes ins Englische erfolgte. Vgl. Wendt, P. D., a.a.O., S.110.

[13] Vgl. Ingram, J. K., Geschichte der Volkswirtschaftslehre, Tübingen, 1905, S. 241.

beiten sollte. Während Alexander I. noch liberale Tendenzen in der Bildungspolitik gefördert hatte, war Nikolaus hier sehr restriktiv und schränkte schon 1825 den Besuch des Gymnasiums auf Söhne von Adeligen und Beamten ein. Storchs Unterricht über die Bedeutung der Bildung für die Entwicklung einer Nation scheinen bei Nikolaus, dessen Interesse eher im militärischen Bereich lag, nicht auf sehr fruchtbaren Boden gefallen zu sein.[14] Dennoch beruft er seinen Lehrer 1828 als wirklichen Geheimrat - während der Abwesenheit des Amtsinhabers Uwarows - vorrübergehend in das Amt des Präsidenten der Akademie. 1830 wird Storch dann zum Vizepräsidenten der Akademie gewählt.

Diese Tätigkeiten ließen weitere wissenschaftliche Veröffentlichungen nicht zu. Seine stark zunehmende Kurzsichtigkeit, die ihn schon in seiner Jugend behinderte, zwang Storch letztlich, jede Beschäftigung mit der Wissenschaft einzustellen und zurückgezogen im Kreise seiner Familie zu leben. 1832 erlitt er einen leichten Schlaganfall. In der Hoffnung, seine Gesundheit wiederzugewinnen, unternimmt Storch ein Jahr später eine Reise durch die Schweiz, Deutschland und Italien. Dennoch lassen seine physischen Kräfte nach seiner Rückkehr merklich nach, und in der Nacht vom 31. Oktober auf den 1. November 1835 verstirbt Heinrich Friederich v. Storch im Alter von 69 Jahren in St. Petersburg.

---

[14] Natürlich müssen hierbei die politischen Verhältnisse in Rußland berücksichtigt werden, die auch einen Zaren, zum Zwecke seines Machterhaltes, zwingen können, die Interessen mächtiger Bevölkerungsteile vor das Allgemeinwohl zu stellen. So erfolgten die Beschränkungen im schulischen Bereich aufgrund diesbezüglicher Forderungen des Adels.

2 Die historische Situation Rußlands zu Storchs Lebzeiten

2.1 Die Entwicklung des Fundaments

In der Mitte des siebzehnten Jahrhunderts stand Rußland vor erheblichen Problemen des Wiederaufbaues, betrieb aber gleichzeitig eine Expansionspolitik.[1] Die militärischen Bedürfnisse standen auch im Vordergrund, als es darum ging, gewerbliche Kräfte zu mobilisieren. Vor allem westeuropäische Gewerbetreibende kamen nach Rußland. Die einheimischen Unternehmer zeigten hingegen keine erwähnenswerten Aktivitäten, vielmehr war die gewerbliche Wirtschaft Rußlands im wesentlichen auf dem Stand der Hauswirtschaft angesiedelt.[2] Westliche Aktivitäten waren zwar nicht unerwünscht und in gewisser Weise wurde hier bereits der Boden für die Europäisierungsmaßnahmen Peters des Großen bereitet, aber Staat und Kirche betrieben eher noch eine Abschirmungspolitik. Das Handelszentrum zu jener Zeit war Moskau.

Die Öffnung des Landes war vor allem mit der Übernahme westlicher Verwaltungs- und Produktionsformen verbunden. Sie wurde durch Peter I., der bereits durch Westeuropäer erzogen wurde,[3] vollzogen und erfolgte aus dem Motiv heraus, Rußland zu einer europäischen Großmacht anwachsen zu lassen. Neben dem Westhandel wurden natürlich auch rege Geschäftskontakte mit den asiatischen Nachbarstaaten unterhalten.

Noch stärker als der westeuropäisch geprägte Modernisierungsdrang war das militärische Expansionsbestreben Peters des Großen. Jedoch brachten die Kriege, insbesondere der Nordische Krieg,[4] neben dem persönlichen unendlichen Leid, nicht nur Landgewinne; sie gingen an die Grenze der Leistungsfähigkeit des Landes.

Durch die Verbesserung der Infrastruktur und natürlich auch durch den Bau von Petersburg als neuem Handelszentrum sollte eine merkantile Expansion

---

1 Vgl. Goehrke, C., Hellmann, M., Lorenz, R., Scheibert, P., (Hrsg.), Rußland, Fischer Weltgeschichte, Bd. 31, Frankfurt 1972, S. 158ff.

2 Vgl. Treue, W., Wirtschaftsgeschichte der Neuzeit 18 und 19 Jahrhundert, Bd. 1, 3 Aufl., Stuttgart, 1973, S.259.

3 Insbesondere waren dies der Schotte Patrick Gordon und der Genfer Franz Lefart.

4 Dieser Krieg veränderte Europa enorm. So verloren u. a. die Schweden unter Karl XII. im Frieden von Nystad (1721) die Stellung einer europäischen Großmacht.

ermöglicht werden. Trotz Erstellung eines Haushaltsplanes[5] kam es jedoch 1719 zur Finanzkrise. Insbesondere die Bauern hatten die Lasten dieser Entwicklung zu tragen, und die Leibeigenschaft nahm in Rußland im Vergleich zu anderen europäischen Staaten die härtesten Formen an.

Mit Hilfe staatlicher Maßnahmen und Kontrollen glaubte Peter I. zunächst den Handel, von dem er die größten Impulse erwartete, fördern zu können. Aber auch Privilegien und Monopole für die einheimischen Produzenten konnten weder den chronischen Geldmangel der russischen Wirtschaft beseitigen, noch über die relativ schlechte Qualität der russischen Waren hinwegtäuschen. So lag der größte Teil der russischen gewerblichen Wirtschaft nach Peters Tod weiterhin in ausländischen Händen.

Auch im Verwaltungswesen hatten sich viele Ausländer nach oben dienen können, da seit Peters Reformen die Kanzleikarriere nicht mehr für den Adel reserviert war, sondern Leistungsfähigkeit als Kriterium galt.[6] Da es aber nicht gelang, ein umfassendes Schulwesen zur Volksbildung zu installieren, war auch diese Reform nicht von grundlegender Bedeutung.

Nach dem Tode Peters I. verschlechterte sich die wirtschaftliche Situation Rußlands weiter, und der Druck auf Bauern und Leibeigene erhöhte sich.[7] Durch die hohe Auslandsverschuldung wuchs der Einfluß der Ausländer, insbesondere der Engländer, weiter an. Diese Abhängigkeit verringerte sich auch nicht, als allmählich vermehrt russisches Kapital im staatlich geschützten Binnenmarkt erwirtschaftet und investiert wurde. Weltweit führend war Rußland in der Produktion von Roheisen, das zu einem großen Teil exportiert wurde.[8]

---

[5] 1710 wurde erstmals ein Staatshaushalt, der Ein- und Ausgaben erfaßte, aufgestellt.

[6] Vgl. Treue, W., a.a.O., S.271.

[7] Das Vermieten von Leibeigenen war auch in Moskau durchaus üblich, und die Zahl der Leibeigenen wuchs kontinuierlich an. Leibeigene waren als Produktionsfaktor egefragt und bildeten gewissermaßen das Kapital der Adelsklasse. Vgl. hierzu insbesondere Kahan, A., Die Kosten der "Verwestlichung" in Rußland: Adel und Ökonomie im 18 Jahrhundert, in: Wirtschaft und Gesellschaft im vorrevolutionären Rußland, S. 53-82, Hrsg.: Geyer, D., Köln, 1975.

[8] Bis zur industriellen Revolution erfolgte dieser Export vorwiegend durch englische Kaufleute nach England.

2.2 Die Lage Rußlands an der Wende zum 19ten Jahrhundert

Katharina II., auch die Große genannt, setzte die Politik Peters teilweise fort und zeigte ebenso einen enormen Expansionsdrang. So versuchte sie, die Ostsee unter russische Kontrolle[9] zu bringen, annektierte Teile Polens und gewann Land und Schiffahrtswege im Krieg gegen das Osmanische Reich.[10]

Zur Sicherung der Freiheiten des Adels wurden sämtliche in den Bauernaufständen erhobenen Forderungen abgelehnt und die volle Leibeigenschaft auf weitere Landstriche ausgedehnt. Das Recht, Leibeigene zu besitzen, wurde nur dem Adel und nicht dem Stand der Kaufleute zugebilligt. Hierdurch sahen sich diese und die bürgerlichen Fabrikanten in ihrer Existenz gefährdet, da ihnen Leibeigene als "billiges Arbeitsmaterial" nicht zur Verfügung standen.[11] Handelspolitische Maßnahmen der Zarin betrafen die Zölle, Monopole und vor allem die Loslösung von der einseitigen Bindung an England und dessen Kapital. Auf die Gleichbehandlung aller ausländischen Schiffe folgte bald die Bevorzugung der russischen Schiffahrt bei Im- und Exporten und andere protektionistische Maßnahmen, so daß die russische Handelsbilanz einen erheblichen Überschuß aufwies.[12]

Diese politische und wirtschaftliche Großmacht wurde von einer Bevölkerung getragen, die zu ungefähr 50% aus Leibeigenen bestand. Die zweite Hälfte der Einwohner setzte sich aus freien Bauern und Großgrundbesitzern sowie einer schmalen Kaufmannsschicht zusammen.

Die kurze Herrschaft Paul I., der das Los der Bauern erleichtern wollte, hatte keinen wesentlichen Einfluß auf die wirtschaftliche Entwicklung in Rußland.

Auch Alexander I. ist unter wirtschaftshistorischen Aspekten wenig interessant. Der Krieg mit Frankreich, das damit verbundene Einrücken der napoleonischen Truppen in Rußland und der anschließende Zug der russischen Armee durch Europa[13] behinderten eine Weiterentwicklung der Wirtschaft.

---

9 Es sei hier nur auf die Problematik der bewaffneten Neutralität hingewiesen.

10 Nach dem russischen Machtgewinn von 1774 wurde diese Position durch den Frieden von Jassy 1791/92 noch verstärkt.

11 Vgl. Treue, W., a.a.O., S. 279f.

12 Die Handelsbilanz wies 1787 einen Überschuß von 6,4 Mio. Rubel auf. Vgl. Treue, W., a.a.O., S. 285.

13 Dieser Zug führte nicht nur zur Bildung der Heiligen Allianz, sondern gab jungen aufgeschlossenen Offizieren der russischen Armee erstmals Gelegenheit, westeuro-

Zwar gab es nach dem Wiener Kongreß eine kurze Periode des freien Handels, jedoch blieb diese ohne nachhaltigen Einfluß, und der Protektionismus gewann wieder die Oberhand.

Trotz einer wachsenden Bevölkerung[14] wuchs der wirtschaftliche Abstand zu den westeuropäischen Staaten auch unter Nikolaus I. Der praktizierte Merkantilismus und eine rigide Geldpolitik[15] standen weiterhin einer raschen industriellen Entwicklung im Wege.

Gleich bei seiner Thronbesteigung wurde Nikolaus I. mit dem Dekabristenaufstand konfrontiert, den er niederschlagen ließ. Der Zar hatte allerdings erkannt, daß die Zeit für Reformen gekommen war.[16] Alle unter Nikolaus I. eingeleiteten Reformen setzten aber nur in der Landwirtschaft und nicht, wie erforderlich, ebenso bei Handwerk und Industrie, an. Die ergriffenen Maßnahmen zeigten aber auch deshalb nur geringe Wirkung, weil sie gegen den Willen von Bürokratie und Adel in der Praxis nicht vollzogen werden konnten. So mußte sich der Zar trotz besseren Wissens dem Druck dieser Interessensgruppen beugen und z. B. auf die Bauernbefreiung, die er allerdings auch selbst fürchtete, verzichten.[17]

päische Lebens- und Staatsformen kennenzulernen. Das so gewonnene Wissen war natürlich auch für die weitere Entwicklung Rußlands von Bedeutung.

14 Vom Ende des achtzehnten Jahrhunderts bis zur Aufhebung der Leibeigenschaft (1861) wuchs die Bevölkerung im europäischen Teil von 17,5 Mio. auf 26,5 Mio. Einwohner, im gesamten Rußland lebten 1850 ca. 60 Mio. Menschen.

15 Diese wurde insbesondere von dem Finanzminster Graf Krankin verfolgt.

16 Vielleicht hat die Ausbildung durch Heinrich v. Storch zu dieser Erkenntnis beigetragen. So war Storch immer wieder energisch für die Abschaffung der Leibeigenschaft eingetreten. Diese Gesinnung Storchs ist sicher auch durch seine Herkunft geprägt, denn in Estland wurde das freie Bauerntum wesentlich früher eingeführt als in Rußland.

17 Schon John Stuart Mill weist in seinem Essay "On Liberty" 1859 allgemein auf die Schwierigkeiten hin, Reformen ohne grundlegenden Wandel der institutionellen Umwelt durchzuführen. Seine Aussagen konkretisiert er mit dem Hinweis auf die Situation in Rußland. "Selbst wenn despotische Institutionen rein zufällig...einen reformorientierten Herrscher an die Spitze bringen, kann unter diesem Regime keine Reform verwirklicht werden, die den Interessen der Bürokratie widerspricht. Das ist der melancholische Zustand des russischen Reiches." Mill, J. S., On Liberty, 1859. Deutsche Übersetzung: Borries v., A., Über Freiheit, Frankfurt a. M., 1969. "Despotische Institutionen" lassen sich in der heutigen Sowjetunion nicht mehr finden, in abgemilderter Form sind Mills Überlegungen aber wieder aktuell. Teilweise können sie sicher die Probleme bei den derzeitigen Reformen in der UdSSR erklären.

Unter Nikolaus I. Herrschaft dehnte sich das Reich durch Kriege weiter aus,[18] und Sibirien entwickelte sich zu einer bedeutenden Wirtschafstregion. Ausländische Unternehmer produzierten in Rußland auch schon während der Regentschaft Nikolaus I. mit neuen Techniken, um die wachsende Inlandsnachfrage nach Konsumgütern zu decken, jedoch hemmte der Krimkrieg[19] die weitere Entwicklung stark.

Erst die großen Reformen unter Alexander II., insbesondere die Bauernbefreiung von 1861, legten den Grundstock zur landwirtschaftlichen, aber vor allem industriellen Entwicklung in Rußland vor dem ersten Weltkrieg.[20]

---

18 So fiel im Frieden von Adrianopel das gesamte Donautal an Rußland.

19 Im Pariser Frieden von 1856 mußte Rußland einige Gebiete wieder abtreten und seine Kriegsschiffe vom Schwarzen Meer zurückziehen.

20 Als Lektüre über diese Periode sei besonders empfohlen: Nötzhold, J., Wirtschaftspolitische Alternativen der Entwicklung Rußlands in der Ära Witte und Stolypin, München, 1964.

3 Die Grundzüge des "Handbuches der Nationalwirthschaftslehre"

Unter diesem Gliederungspunkt erfolgt eine überblickartige Darstellung wesentlicher Abschnitte von Storchs Hauptwerk, um den Leser mit der Storchschen Gedankenwelt vertraut zu machen. Eine eingehende Würdigung seiner Konzeption der "inneren Güter" erfolgt später in Kapitel B.

3.1 Die Ausgangssituation

Das Fundament zum "Handbuch der Nationalwirthschaftslehre" bilden die ökonomischen Standardwerke jener Zeit. Storch schreibt in seinem Vorwort:

> "Die unbestreitbaren, keiner Entwicklung mehr Raum gebenden Grundsätze, die sich in jeder Wissenschaft finden, und die man nicht übergehen darf, müssen oft mit den Worten Anderer vorgetragen werden; der Verfasser hat dies nicht ängstlich vermieden, er gesteht, daß sein Buch viele Auszüge enthält, und daß, wie er mit edler Bescheidenheit hinzufügt, vielleicht das Beste darin aus, *Garnier*, *Say* (der ersten Ausgabe), *Simonde*, *Turgot*, *Bentham-Dumont*, *d'Jvernois*, *Steward*, *Hume*, und besonders *Smith*, dem Vater der Volkswirthschaftslehre, genommen sey.
>
> Er habe zugleich die eitle Sitte verschmäht, bei jedem Anlasse die Sätze Anderer von den seinigen genau abzusondern"[1].

Unter National- oder Volkswirtschaftslehre versteht Storch

> "...die Wissenschaft von den Naturgesetzen, welche die Wohlfahrt der Völker, d. i. ihren Reichthum und ihre Bildung bestimmen. Wie die Naturlehre ist sie die Frucht einer großen Anzahl *wohlbeobachteter Erfahrungssätze* aus denen man strenge Folgerungen gezogen hat."[2]

Storch weist sich somit als induktiv denkender Ökonom aus und bezweifelt die Gültigkeit universell, d. h. unabhängig von konkreten historischen Erscheinungen, formulierter ökonomischer Gesetze, denn

> "...die Gesetze, welche die Nationalwirthschaftslehre aufstellt, gehen aus der menschlichen Wesenheit hervor, deren freie Thätigkeit nach den Anlagen, den Bedürfnissen und der Gesinnung des Menschen verschieden ist; hier ist also keine so scharfe Bestimmung möglich, wie bei Naturgesetzen; es ist unnütz, mathematische Berechnungen und Formeln hier zu gebrauchen, und die Beobachtung volkswirthschaftlicher Thatsachen hat noch die erhebliche Schwierig-

[1] Storch v., H., 1819, a.a.O., Bd. 1, S. VII f.. Die kursive Hervorhebung sowohl hier, als auch in den folgenden wörtlichen Zitaten, erscheint bereits bei Storch im Originaltext.

[2] Storch v., H., 1819, a.a.O., Bd. 1, S. 9.

keit, daß man nicht wie in der Physik und Chcmie geschieht, Versuche anstellen kann, sondern die Dinge wahrnehmen muß wie sie sind."[3,4]

3.2 Die Begriffe Nutzen, Wert und Preis im "Handbuch der Nationalwirthschaftslehre"

Der Nutzen eines Gutes ergibt sich aus der "Nützlichkeit", die der Konsument dem Gut zuspricht, d. h. Storch vertritt einen subjektiven Wertbegriff.

"Die Eigenschaft der Dinge, welche sie geschickt macht unsere Bedürfnisse zu befriedigen, heißt ihre *Nützlichkeit*: Sie spricht sich nicht von selbst aus, sondern muß vom Verstand erkannt werden."[5]

Dieser Nutzenbegriff bei Storch darf nicht mit dem des Grenznutzens verwechselt werden. Aus dieser "Nützlichkeit", die noch nicht aus Grenznutzenüberlegungen abgeleitet wurde, bestimmt Storch die Begriffe "Gut" und "Werth".

"Das Urtheil unseres Verstandes über die Nützlichkeit der Dinge bildet den *Werth* derselben und macht sie zu *Gütern*."[6]

Somit ergibt sich der Wert als eine von der subjektiven Einschätzung des Konsumenten abhängige Größe,

"denn diese kann sowohl über unsere *Bedürfnisse* als auch über die *Tauglichkeit* der Dinge für dieselben wechseln."[7]

Während der Wert eines Gutes nur durch die Nachfrage bestimmt ist, wird

"der Preis aus Begehr und Angebot zugleich"[8]

gebildet. Soll es zum Tausch kommen, ist ein Preis erforderlich. Dieser bildet sich bei Storch unter der Annahme von Konkurrenz am Markt. Der Preis zeigt sich als

---

3 Storch v., H., 1819, a.a.O., Bd. 1, S. 10

4 In diesem Text wird eine gewisse methodische Ähnlichkeit zu der Vorgehensweise von Malthus deutlich. Auch dieser ordnete die politische Ökonomie näher bei der Wissenschaft der Sitten (moral) und Staatskunde (politics), denn bei der Mathematik ein. Vgl. Malthus, T. R., Principles of Political Economy, (erste Auflage 1820), New York, 1951, S. 1 ff..

5 Storch v., H., 1819, a.a.O., Bd. 1, S. 24.

6 Storch v., H., 1819, a.a.O., Bd. 1, S. 25.

7 Storch v., H., 1819, a.a.O., Bd. 1, S. 29.

8 Storch v., H., 1819, a.a.O., Bd. 1, S. 39.

> "Ergebniß eines Kampfes zwischen den Anbietenden und den Begehrenden;...und sie werden erst einig, wenn sie den Unterschied, um den noch gestritten wird, im Verhältnis ihrer beiderseitigen Kräfte unter sich getheilt haben. Der auf diese Art festgesetzte Preis heißt der *wirkliche* oder *Marktpreis*."[9]

Storch unterscheidet zwei Preise, den Marktpreis und den "nothwendigen" Preis . Letztere Bezeichnung geht auf Sismonde zurück. Parallel dazu benutzt Storch für den "nothwendigen" Preis auch den Smithschen Ausdruck des "natürlichen" Preises.

Bestimmungsgrund des "nothwendigen" Preises sind

> "...die *Hervorbringungskosten*, d. i. die nothwendigen Ausgaben, ohne die eine Sache nicht an dem Orte, wo sie vertauscht werden soll, vorhanden sein könnte"[10]..."Wenn der Unternehmer sich zu dem Verkaufe einer begehrten Waare entschließt, so richtet er sich nach den Hervorbringungskosten oder dem *nothwendigen Preis*, dem niedrigsten, für welchen er verkaufen kann, ohne Verlust zu haben, folglich ohne von der Fortsetzung des Gewerbes abgeschreckt zu werden."[11]

Hierbei ist der "nothwendige" Preis zwingend abhängig von den Marktpreisen seiner Bestandteile. Dies sind die Preise der eingesetzten Vorprodukte, die Vergütung der eingesetzten Produktionsfaktoren Arbeit und Kapital sowie der Gewinn des Unternehmers. Vorprodukte und Arbeitslöhne werden in ihrer Summe als "umlaufender Erwerbstamm" bezeichnet. Maschinen, Fabriken u. ä. investiertes Kapital und der Gewinn bilden den "angewendeten Erwerbstamm".[12] Wie bei Adam Smith bildet der "nothwendige" Preis das Schwankungszentrum des Marktpreises.

Abbildung 1 stellt die soeben geschilderten Zusammenhänge graphisch dar. Gewöhnlich wird diese Art der Darstellung gewählt, um die Smithsche Markttheorie zu verdeutlichen.[13] Da sich Storchs und Smiths Theorie der Marktpreisbildung sehr ähnlich sind, ist Abbildung 1 auch geeignet, die oben geschilderten Zusammenhänge zu verdeutlichen.

---

9 Storch v., H., 1819, a.a.O., Bd. 1, S. 41.

10 Storch v., H., 1819, a.a.O., Bd. 1, S. 40.

11 Storch v., H., 1819, a.a.O., Bd. 1, S. 278.

12 Vgl. Storch v., H., 1819, a.a.O., Bd. 1, S. 279.

13 Vgl. Helmstädter, E., Wie bilden sich die Marktpreise nach Adam Smith?, in: Studien zur Entwicklung der ökonomischen Theorie I, Hrsg.: Neumark, F., Schriften des Vereins für Socialpolitik, Bd. 115/I, Berlin, 1981, S. 93-109, S. 99.

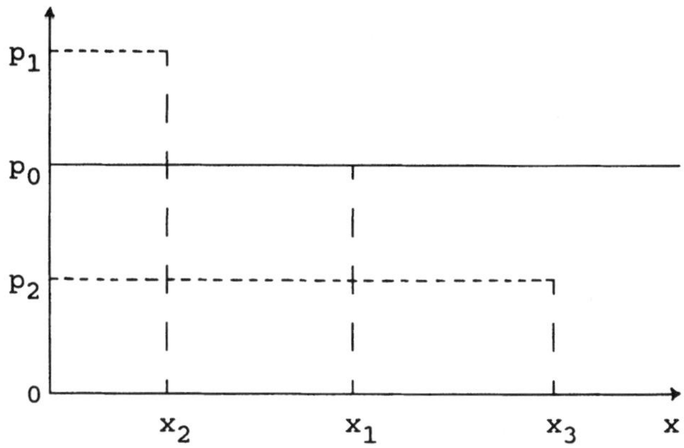

Abbildung 1: Marktdiagramm zur Erläuterung der Marktpreisbildung
Quelle: Helmstädter, E., a.a.O., S. 99.

Im gleichgewichtigen Anfangsstadium wird in der Abbildung 1 die Menge x_1 angeboten und nachgefragt. Bei dieser Menge ergibt sich ein Marktpreis p_0, der dem "nothwendigen" Preis entspricht. Die effektive Nachfrage ergibt sich als $0x_1$. Sinkt nun das Angebot von x_1 auf x_2, so ergibt sich ein Nachfrageüberschuß von x_2x_1 bei unverändertem Preis. Der Marktpreis wird daraufhin ansteigen, z. B. auf p_1, wodurch neue Anbieter auf den Markt gelockt werden, denn es können Gewinne erzielt werden, die über den "nothwendigen" Gewinn hinausgehen. Somit erhöht sich das Angebot, und der Preis wird wieder auf seine "nothwendige" Höhe p_0 fallen. Sollte es andererseits zu einem Angebotsüberschuß von x_1x_3 kommen, fällt der Marktpreis auf p_2. Die daraus resultierende Angebotsverknappung führt zurück zum "nothwendigen" Preis.

Abbildung 1 läßt sich noch auf eine zweite Weise zur Veranschaulichung der klassischen und somit auch Storchschen Gedankenwelt nutzen. Steigen die Marktpreise der preisbestimmenden Faktoren des hier betrachteten Gutes, ergibt sich ein neuer "nothwendiger" Preis. Dieser sei p_1, d. h., der Markt befindet sich dann bei der Menge x_2 im Gleichgewicht. Ebenso ist aufgrund sinkender Vorproduktpreise ein Absinken des "nothwendigen" Preises auf p_2 denkbar.

Werden die soeben beschriebenen Punkte graphisch verbunden, entspricht die daraus resultierende Kurve dem typischen Verlauf einer heute üblicherweise diskutierten Nachfragekurve, die sich demnach auch bei ausschließlicher Berücksichtigung der "nothwendigen" Preise ergibt. Ob Adam Smith gedanklich schon mit einer solchen Nachfragefunktion gearbeitet hat, d. h. die drei Punkte auf einer Kurve zusammenfaßte, und ob dies innerhalb der englischen klassischen Ideenwelt der Wirtschaftstheorie überhaupt notwendig ist, wird konträr beurteilt.[14] Auch die Frage, ob Heinrich v. Storch diesen Schluß vollzog, ist nicht eindeutig zu beantworten.

Als Waren getauscht werden können die menschliche Arbeit und "äußere Güter", unter denen alle landwirtschaftlichen und gewerblichen Produkte subsumiert werden, nicht jedoch "innere Güter", wie z. B. Bildung und Sicherheit.[15]

Da Storch zwei Güterarten unterscheidet, kennt er neben der "körperlichen" bzw. "Gewerbsarbeit" auch die "unkörperliche" Arbeit, mit welcher "innere Güter" produziert werden. Bereitgestellt wird die "unkörperliche" Arbeit durch die "Dienstleistenden". Daneben teilt Storch die Gesellschaft in drei weitere ökonomische Stände ein, nämlich die Gewerbsarbeiter, Kapitalisten und Grundeigner.

> "In der Kindheit des gesellschaftlichen Verbandes"[16],

gibt es nur Arbeiter bzw. Gewerbsarbeiter. Einhergehend mit der Entwicklung der Gesellschaft schreitet die Arbeitsteilung voran, die sich aus der

> "*Verschiedenheit der natürlichen Eigenschaften im Menschen und in dem Boden*"[17]

ergibt. In der Arbeitsteilung zwischen den Berufen sieht Storch eine der Hauptmöglichkeiten zur Steigerung der "Hervorbringungskraft".

---

14 Es sei hier auf die Diskussion zwischen Helmstädter und Schefold verwiesen. Helmstädter, E., a.a.O., sowie Schefold, B., Nachfrage und Zufuhr in der klassischen Ökonomie, in: Studien zur Entwicklung der ökonomischen Theorie I, Hrsg.: Neumark, F., Schriften des Vereins für Socialpolitik, Bd. 115/I, Berlin, 1981, S. 53-91.

15 Das Problem des Tausches, bzw. der Wiederverkäuflichkeit von "inneren Gütern" wird in Kapitel B 2.2.2, S. 72 behandelt.

16 Storch v., H., 1819, a.a.O., Bd. 1, S. 175.

17 Storch v., H., 1819, a.a.O., Bd. 1, S. 105.

3.3 Die Bestandteile des Einkommens

Das jährliche ursprüngliche Einkommen einer Gesellschaft entsteht aus "Gewerbsarbeit", "Gewerbsstamm" und Grundbesitz und teilt sich dementsprechend auf in Arbeitslohn, "Verlagsrente", Gewinn und Bodenrente.

In Analogie zur Preistheorie der Güter kennt Storch auch für die Arbeit einen "nothwendigen" und "tatsächlichen" Lohn. Ersterer stellt den Lebensunterhalt des Arbeiters und seiner Familie sicher. Dabei richtet sich die Lohnhöhe nach Art der Tätigkeit und den hierzu notwendigen Vorleistungen, wie z. B. der Ausbildung.

Aus Angebot und Nachfrage am Arbeitsmarkt ergibt sich der "tatsächliche" oder "wirkliche" Lohn. In sich rasch entwickelnden Ländern kann dieser Lohn den "nothwendigen" übersteigen.

> "Dieser Überschuß heißt *überflüssiger Arbeitslohn*...er ist das reine Einkommen oder der Gewinn des Arbeiters".[18]

Hiermit vertritt Storch, wie Smith, die optimistische Variante der klassischen Entwicklungstheorie.[19]

Erhalten die Arbeiter einen "überflüssigen Lohn", hat dies Auswirkungen auf das Bevölkerungswachstum. Storch beschreibt diese, wie sie auch im Malthuschen Bevölkerungsgesetz[20] dargelegt werden, hält aber in diesem Teil seines Werkes Abweichungen vom "nothwendigen" Lohn für die Ausnahme.

> "Die *Verlagsrente* ist nichts anderes als der für den Gebrauch eines Gewerbstammes bezahlte Preis"[21],

---

[18] Storch v., H., 1819, a.a.O., Bd. 1, S. 205

[19] Es sei diesbezüglich auch auf die Ausführungen in Kapitel B 2.3.2, S. 111-114 und 3.2, S. 146-157 hingewiesen. Zur Darstellung der optimistischen und pessimistischen klassischen Entwicklungstheorie sei hingewiesen auf Schumann, J., Wohlfahrtsökonomik, in: Geschichte der Nationalökonomie, Hrsg.: Issing, S. 165-185, 1984, (im folgenden zitiert als Schumann, J. 1984), S. 167ff..

[20] Vgl. Malthus, T. R., An Essay on the Principles of Population, 1798. Malthus, der seine Bevölkerungstheorie auf amerikanische Daten, die insbesondere durch die hohen Einwanderungszahlen verfälscht sind, stützt, war jedoch keineswegs der erste Autor, der sich mit der demographischen Entwicklung auseinandersetzte. Es sei nur auf Botero, Cantillon und Quesnay verwiesen. Vgl. hierzu Schachtschnabel, H. G., Geschichte der volkswirtschaftlichen Lehrmeinungen, Stuttgart, Düsseldorf, 1971, S. 61. Malthus stellt aber als erster systematisch das Verhältnis von Nahrungsmittelpotential und Bevölkerungsentwicklung dar.

[21] Storch v., H., 1819, a.a.O., Bd. 1, S. 218.

sie entspricht somit dem Zins. Auch in diesem Fall unterscheidet Storch zwischen einem "nothwendigen Mietzins", der gerade die Mühen des Sparens und Ausleihens entlohnt, und einem "wirklichen Mietzins", der sich am Markt bildet.

Für Storch ist die Grundrente als ein ursprüngliches Einkommen

> "der Preis, den man für den Gebrauch eines Grundstückes entrichtet"[22],

also der Preis für den Boden allein. Auch dieser Pachtpreis ist von Angebot und Nachfrage abhängig und kann auf Null absinken.[23]

Als viertes ursprüngliches Einkommen nennt Storch den Gewinn, der zu gleicher Zeit aus Lohn- und Zinseinkommen des Unternehmers bestehen kann.

> "*Der nothwendige Satz* des Unternehmegewinnes muß dem zu Folge aus zwei Bestandtheilen zusammengesetzt seyn, aus einem Arbeitslohne und einer Versicher-Prämie, weil der Erwerbstamm in Gefahr ist."[24]

Diese Prämie soll die Eigen- und Fremdkapitalverzinsung sicherstellen.

Adam Smith betont diesen Verzinsungsaspekt und bezeichnet ihn als Profit, wobei dieser eine Risikoprämie enthält. Der Profit, den die Unternehmer erhalten, ist Entgelt für die Nutzung des Sachkapitalbestandes, bzw. jene Geldkapitalverzinsung, die den Kapitalanleger zu Konsumverzicht und Risikobereitschaft veranlaßt. Von diesem gewöhnlichen oder normalen Profit kann der kurzfristige Profit nach oben oder unten abweichen. Durch die Erfassung des Unternehmerlohnes zeigt Storch auf, daß der Gewinn nicht nur der Vermögens-, sondern auch der Einkommensbildung dient, somit konsumtiv verwendet werden kann. Dieser Aspekt wird bei Smith nicht deutlich, wohl aber bei Jean Baptiste Say, dessen Profitbegriff ebenfalls einen Unternehmerlohn enthält.[25]

Bei Storch richtet sich der "wirkliche" Gewinn des Unternehmers

---

[22] Storch v., H., 1819, a.a.O., Bd. 1, S. 234.

[23] Weitere Ausführungen zur Grundrentenproblematik finden sich unter Gliederungspunkt A 3.5, S. 25ff..

[24] Storch v., H., 1819, a.a.O., Bd. 1, S. 249.

[25] Vgl. Say, J. B., Traité d'Économie politique, 1. Aufl., Paris 1803, 3. Aufl., Paris, 1817. Deutsche Übersetzung: Darstellung der Nationalökonomie oder der Staatswirthschaft, 2 Bde., Heidelberg, 1818, (im folgenden zitiert als Say, J. B., 1818), Bd. 1, S. 97.

> "nach den Marktpreisen seiner Erzeugnisse"[26]

und kann vom "nothwendigen" Gewinn nach oben und unten abweichen. Als Residualgröße, d. h. nach Abzug des Unternehmerlohnes und der "Versicher-Prämie", ergibt sich dann der "reine" Gewinn. Wie Adam Smith beschreibt auch Storch ausführlich die Lenkfunktion des Profits bezüglich der Produktionsfaktoren.

3.4 Storchs Stufentheorie

In seinem Werk betont Heinrich v. Storch immer wieder, daß bei ökonomischen Analysen die jeweilige Entwicklungsstufe eines Landes berücksichtigt werden muß. Dies gilt sowohl bei Aussagen über Wirkungen von Veränderungen der wirtschaftlichen Rahmendaten, als auch für die grundsätzlichen ökonomischen Zusammenhänge innerhalb eines Landes.

Allgemeingültige Antworten auf die Frage, welche wirtschaftliche Strategie für einen Staat am vorteilhaftesten ist, will Storch nicht geben, da sie

> "nur mit Rücksicht auf die jedesmalige Stufe von Reichthum eines Volkes beantwortet werden kann."[27]

Dieser Gedanke zieht sich durch sein gesamtes Werk, detailliert vorgeführt wird er im achten Buch[28] des "Handbuches der Nationalwirthschaftslehre".

Als erste "Stufe" bzw. "Periode der Bereicherung" betrachtet Storch die Jäger- und Hirtenvölker. Sie bilden den Anfangspunkt,

> "von welchem aus die Völker die lange und mühevolle Bahn ihrer Entwicklung zu durchlaufen haben."[29]

In dieser Phase gibt es wenige Handwerker und nur geringen Handel. Mit der Bezeichnung "Periode der Bereicherung" will Storch darauf hinweisen, daß sich bereits hier die Gesellschaft in "Wohlhabende" und "Arme" unterteilt.

> "Der Mangel an Lebensmitteln zu Folge eines Anwachses der Bevölkerung nöthigt endlich den Hirten, so wie er vorher den Jäger genöthigt hatte, mehrfachere Mittel zur Sicherung seines Unterhaltes aufzusuchen; und wie dieser näher an der Entdeckung stand, daß er einige Arten von Thieren künstlich

---

[26] Storch v., H., 1819, a.a.O., Bd. 1, S. 251.

[27] Storch v., H., 1819, a.a.O., Bd. 2, S. 222.

[28] Storch v., H., 1819, a.a.O., Bd. 2, S. 219-334.

[29] Storch v., H., 1819, a.a.O., Bd. 2, S. 253.

> vermehren könne, so gelangt jener leichter zu der Einsicht, daß er auf gleiche Weise mehrere Arten von Gewächsen vervielfältigen kann."[30]

Hierdurch wird die zweite Stufe der Entwicklung als ackerbauendes Volk erreicht, auf der verstärkt Arbeiter in der landwirtschaftlichen Produktion eingesetzt werden, der Landbesitzer somit zum Unternehmer wird.

Im Zuge der weiteren Entwicklung setzt sich nach Storch die Arbeitsteilung durch Herausbildung von verschiedenen Handwerksberufen fort. Städte werden gebaut, und der entstehende Handel läßt den Stand der Kaufleute auftreten, die den Tausch organisieren. Hierin sieht Storch die natürliche Entwicklung eines Volkes, die nicht durch staatliche Maßregelungen beeinflußt werden soll. Voraussetzung zu dieser Entwicklung ist, daß es sich um ein Volk freier Bürger und nicht um "Sklaven" handelt. Sklaverei definiert Storch als

> "Zustand, in welchem ein Mensch Eigenthum eines anderen"[31] ist. "Die Lage eines Sklaven war in Athen und Sparta sehr verschieden; noch mehr ist es die eines russischen Sklaven und eines in den Kolonien verkauften Negers."[32]

Während Storch von "Frohn- und Zinssklaven" spricht, ist es im heutigen Sprachgebrauch üblich, hierfür den Begriff Leibeigener zu verwenden. Nach Storch wird die wirtschaftliche Entwicklung durch die Sklaverei gehemmt, insbesondere, weil Sklaverei die Sicherheit innerhalb eines Staates verringert. So erwartet Storch, daß in einem Staat, in dem die Sklaverei verbreitet ist, es ständig zu Unruhen und Aufständen kommt. Hierdurch nimmt die Investitionsbereitschaft ab, und gleichzeitig hat der unfreie Mensch kein Interesse an der wirtschaftlichen Weiterentwicklung eines Landes, da er an dieser nicht partizipieren kann.[33]

> "Die höchste Stufe der Bereicherung ist diejenige, wo ein freies Volk, mit Hülfe eines immerfort zunehmendes Erwerbstammes, seinen Landbau verbessert, seine Gewerke erweitert und vervielfacht, und auswärtigen Handel unternimmt."[34,35]

---

30 Storch v., H., 1819, a.a.O., Bd. 2, S. 258.

31 Storch v., H., 1819, a.a.O., Bd. 2, S. 280.

32 Storch v., H., 1819, a.a.O., Bd. 2, S. 281.

33 Auf die genaue Beschreibung der Ausführungen Storchs, welchen Einfluß die Sklaverei auf die Entwicklung des Wohlstandes hat, sei hier verzichtet. Vgl.hierzu Storch v., H., 1819, a.a.O., Bd. 2, S. 276-314.

34 Storch v., H., 1819, a.a.O., Bd. 2, S. 314.

Beschleunigt wird das Wachstum auf dieser Ebene besonders dann, wenn es viele kleine Produzenten gibt, die im Wettbewerb zueinander stehen.

Ähnliche Stufentheorien, wie Storch sie hier entwikkelt, finden wir später in der historischen Schule und vor allem im Werk von Friederich List, dessen Theorie jedoch wesentlich bekannter wurde als die Storchs. List unterscheidet drei Entwicklungsperioden der "Agrikultur", bevor die produktiven Kräfte in Manufaktur und Gewerbe eingesetzt werden.[36]

Mit seinen entwicklungsgeschichtlichen Gedanken trägt Storch zur Ausbildung des "Historismus" bei.[37] Stufentheoretische Ansätze lassen sich in der Dogmengeschichte jedoch schon weit vor Heinrich v. Storch finden. Diesbezügliche Aussagen machte bereits der Physiokrat Turgot.[38]

Storch hebt besonders die Bedeutung der auswärtigen Konkurrenz hervor. Außenhandel soll von den Völkern nicht erst auf der "höchsten Stufe der Bereicherung" betrieben werden, denn unabhängig davon,

> "auf welcher Stufe des Wohlstandes sie auch stehen mögen"[39],

erwartet Storch gerade vom Außenhandel Vorteile für die gesamte Volkswirtschaft.

Treten Völker unterschiedlicher Entwicklungsstufen in Kontakt, so sieht Storch hierin Vorteile für beide Länder. Zu einem vergleichbaren Ergebnis kommen Vertreter der "Theorie des ungleichen Tauschs", in der alle Handels-

---

35 Storch fordert auch auf dieser Entwicklungsstufe keine staatlichen Interventionen, etwa zur Steigerung der internationalen Wettbewerbsfähigkeit, da er sich davon keine ökonomischen Vorteile verspricht. Zur heutigen Diskussion dieses Themas siehe Rentrup, K., Staat und Forschungsförderung, in: Westfälische Wilhelms-Universität Münster Volkswirtschaftliche Diskussionsbeiträge, Nr. 112, 1988.

36 Vgl. List, F., Le Systéme Naturel d'Économie Politique. Erste deutsche Übersetzung von Salin, E., Sommer, A.: Das natürliche System der politischen Ökonomie, in: Werke, 8 Bd., Hrsg.: Beckerath v., E., u. a., Berlin, 1927, Bd. 4, Hrsg.: Salin, E., Sommer, A., S. 154-547.

37 Vgl. Winkel, H., Die deutsche Nationalökonomie im 19 Jahrhundert, Darmstadt, 1977, (im folgenden als Winkel, H., 1977 zitiert), S. 89.

38 Vgl. Turgot, A. R. J., Réflexions sur la formation et la distribution des richesses, Paris, 1766. Deutsche Übersetzung: Betrachtungen über die Verteilung des Reichthums, in: Sammlung sozialwissenschaftlicher Meister, Physiokratische Schriften I, Hrsg.: Waentig, H., Jena, 1924, S. 44 ff..

39 Storch v., H., 1819, a.a.O., Bd. 2, S. 270.

teilnehmer z. B. durch Anpassungsdynamik an den Tauschvorteilen partizipieren können.[40]

> "Bei *armen* Völkern genügen ihre eigenen Capitale nicht, um alle Gewerbszweige zu erwecken und zu unterhalten, die sie zu betreiben vermögen; sie helfen sich also vom Auslande und werden *borgend.* In einem *reichen* Volke sind alle Gewerbe sattsam mit Erwerbstamm versehen, man kann denselben im Inlande nicht mehr vorteilhaft anwenden; er wird also hinaus gesendet und das Volk wird *darleihend.*"[41]

Von den Beziehungen zwischen den Völkern erhofft Storch demnach eine bessere Allokation der Ressourcen.

> "Auf der Gränzlinie zwischen beiden Zuständen befinden sich die *unabhängigen* Völker, die früher zur Beförderung ihres Gewerbefleißes entlehnt hatten, und nun im Stande sind, ihre Gläubiger zu bezahlen, und für ihre Betriebsamkeit fremde Hilfe zu entbehren."[42]

Damit ist Storch Vorläufer der Theoretiker, die, abhängig vom Stand der Außenwirtschaftsbeziehungen, Länder als "Schuldner-" bzw. "Gläubigerländer" einordnen. Solche Klassifizierungsversuche lassen sich bei Boggs,[43] im deutschsprachigen Raum bei Röpke[44] und darauf aufbauend bei Forstmann[45] finden. Aufgegriffen und weiterentwickelt werden die Länderklassifizierungen dieser Ökonomen von Abb.[46] Jedoch weist keiner der genannten Wirtschaftswissenschaftler auf Storchs Einordnung der Länder hin.

---

[40] Vgl. Lang, F. P., Theorie des ungleichen Tauschs, in: WiSt, Nr. 11, 553-558, 1988.

[41] Storch v., H., 1819, a.a.O., Bd. 1, S. 146.

[42] Storch v., H., 1819, a.a.O., Bd. 1, S. 146.

[43] Vgl. Boggs, T. H., The International Trade Balance in Theory and Practice, New York, 1922, S. 7 ff..

[44] Vgl. Röpke, W., Zum Transferproblem bei internationalen Kapitalbewegungen, in: Jahrbücher für Nationalökonomie und Statistik, Bd. 133, S. 225-240,Jena, 1930, S. 229f..

[45] Vgl. Forstmann, A., Die Grundlagen der Außenwirtschaftstheorie, Berlin, 1956, Drittes Kapitel S. 136-192, hier insbesondere S. 147-153.

[46] Vgl. Abb, F., Der Einfluß der Außenwirtschaft auf das ökonomische Wachstum unter Berücksichtigung empirisch gewonnener Werte, in: Zeitschrift für die gesamte Staatswissenschaft, Bd. 114, S. 664-698, Tübingen, 1958.

3.5 Die Grundrentenproblematik

Da der Begriff der Bodenrente in der klassischen Wirtschaftstheorie und ihrer Diskussion eine bedeutende Rolle spielt, soll auf Storchs Behandlung und Anwendung dieses Begriffes in diesem Abschnitt ausführlicher eingegangen werden. Hierzu erscheint es notwendig, zunächst die grundlegenden Gedanken der englischen Klassiker Adam Smith und David Ricardo zur Grundrente vorzuführen.

3.5.1 Die Diskussion der Grundrente bei Adam Smith und David Ricardo

Im ersten Buch seines Werkes "An Inquiry into the Nature and Causes of the Wealth of Nations"[1] beschreibt Adam Smith das Bodeneigentum als "naturgegebenes Monopol" mit Anspruch auf Entlohnung für die Nutzung. Neben Lohn und Gewinn bildet die Rente einen Bestandteil des natürlichen Preises der Waren, jedoch erklärt Adam Smith nicht, warum dies der Fall sein soll, bzw. warum es überhaupt einen natürlichen Preis des Faktors Boden geben soll.

In dem kurzen Satz

> "Alles Einkommen aus Grund und Boden nennt man Rente; sie steht dem Grundbesitzer zu"[2]

deutet Adam Smith die Rente als Einkommen, sowohl von der Entstehungs- als auch der Verteilungsseite her. Das Einkommen desjenigen Bodeneigentümers, der sein Land selbst bebaut, umfaßt aber nicht nur eine Rente, sondern auch Profit und Arbeitslohn.

Sollte der Marktpreis der auf Boden "angebauten" Güter nicht ausreichend hoch sein, um die natürliche Bodenrente zu gewähren, haben die Bodeneigner durch Angebotsverknappung die Möglichkeit, in der folgenden Periode wieder den natürlichen Satz zu erreichen.[3]

---

1 Smith, A., An Inquiry into the Nature and Causes of Wealth of Nations, 1. Aufl. London 1776. Letzte deutsche Übersetzung von Recktenwald, H. C., Der Wohlstand der Nationen, Hrsg.: Recktenwald, H. C., München, 1974.

2 Smith, A., a.a.O., S.47.

3 Vgl. Smith, A., a.a.O., S.50.

Der natürliche Satz der Bodenrente ist in Smiths Überlegungen ein Kostenfaktor und hierdurch mitbestimmend für den natürlichen Preis der Güter.[4] Allerdings ist die Grundrententheorie im "Wealth of Nations" nicht frei von Widersprüchen. So finden sich auch Passagen, in denen die Rente als preisabhängige Größe beschrieben wird und Smith Ansätze zu einer Differentialrententheorie liefert.[5] Im langfristigen oder besser natürlichen Gleichgewicht läßt sich die Smithsche Rente aber nur als ein preisbestimmendes Faktum interpretieren. Während für Lohnsatz und Profitrate reproduktionstheoretische Ansätze ihrer "natürlichen" Höhe geliefert werden, gibt es für den dritten Kostenbestandteil des "natürlichen Güterpreises", die Bodenrente, keine analoge Konzeption. Der Bestimmungsgrund für die Höhe der "natürlichen Rente" bleibt im Werk von Adam Smith ungeklärt.

Das eigentliche Verdienst von Adam Smiths Grundrententheorie, in Verbindung mit seiner Einkommenstheorie, liegt wohl in dem Nachweis, daß der Boden nicht als einzige produktive Kraft angesehen werden darf.

Die in den "Principiles of Political Economy und Taxation"[6] von David Ricardo vorgestellte Grundrententheorie unterscheidet sich erheblich von der entsprechenden Smithschen Theorie und stellt eine Kritik derselben dar. Ricardo definiert die Rente als

> "Teil vom Ertrag der Erde, welche dem Grundbesitzer für die Benutzung der ursprünglichen und unzerstörbaren Kräfte des Bodens bezahlt wird."[7]

Somit ist die Rente auch hier nur ein Teil des Einkommens der Landbesitzer. Einkommen, das dieser aufgrund von Investitionen in seine Böden erzielt, ist kein Bestandteil der Rente, sondern des Profits.

---

[4] Kann der Boden nicht mehr als ein freies Gut angesehen werden, so muß der Arbeiter "für die Erlaubnis zum Ernten...etwas bezahlen, indem er dem Landbesitzer einen Teil von dem abgibt, was er durch seine Arbeit eingesammelt oder erzeugt hat. Dieser Teil nun oder, was auf das gleiche hinauskommt, der Preis dieses Teils bildet die Bodenrente, die zugleich eine dritte Komponente im Preis der meisten Güter ist." Smith, A., a.a.O., S.44. Der in diesem Zitat angesprochene Preis ist als natürlicher Preis der Waren zu verstehen.

[5] "Hoher oder niedriger Lohn und Gewinn sind die Ursache für einen hohen oder niedrigen Preis, während eine hohe oder niedrige Rente die Folge von ihm ist." Smith, A., a.a.O., S. 126f..

[6] Ricardo, D., Principles of Political Economy and Taxation, 1. Aufl. London, New York 1817. Deutsche Übersetzung: Grundsätze der politischen Ökonomie und der Besteuerung, Hrsg.: Neumark, F., Frankfurt a. M., 1972.

[7] Ricardo, D., a.a.O., S. 64.

Zu betonen ist an Ricardos Rententheorie die Tatsache, daß er die Rente als Differentialeinkommen darstellt. Solange Böden gleicher Güte vorhanden sind, gibt es keine Rente, es sei denn, die Lage eines Bodens ist besonders günstig.

> "Also nur weil der Boden an Menge nicht unbegrenzt und an Qualität nicht gleich ist, und weil bei der Zunahme der Bevölkerung Boden von geringerer Qualität oder weniger vorteilhafterer Lage in Anbau genommen wird, wird für seine Benutzung jemals eine Rente bezahlt. Wenn bei dem Fortschritt der Gesellschaft Boden von Fruchtbarkeit zweiten Grades bebaut wird, entsteht auf dem erstklassigen sofort eine Rente, deren Betrag von der Differenz der Qualität der beiden Bodenarten abhängen wird."[8]

Die Knappheit, Qualitätsunterschiede und Lage der Böden werden also zu rentenbestimmenden Merkmalen in der Ricardianischen Theorie. Anders als bei Adam Smith ist die Rente bei Ricardo kein preisbestimmender Faktor, sondern ergibt sich als Restgröße, so daß Ricardo zu dem Schluß kommt:

> "Der Getreidepreis ist nicht hoch, weil die Rente entrichtet wird, sondern eine Rente wird bezahlt, weil der Getreidepreis hoch steht."[9]

Somit ist die Rente ein abgeleitetes, d. h. kein ursprüngliches Einkommen wie Lohn und Profit.

Ricardos Interpretation der Rente als Differentialeinkommen, steht in einem engen Zusammenhang mit seinem Versuch, eine "reine Arbeitswertlehre" zu formulieren. Aber auch wenn die Arbeitswerttheorie Ricardos aus guten Gründen kritisiert wird, so impliziert dies nicht automatisch eine Kritik an seiner Rententheorie, die als eigenständige Theorie anzusehen ist.

---

8 Ricardo, D., a.a.O., S. 66.

9 Ricardo, D., a.a.O., S. 69.

3.5.2 Storchs Definition der Grundrente

> "Die *Grundrente* ist der Preis, den man für den Gebrauch eines Grundstückes entrichtet. Bei unbebauten Ländereien ist sie reines Einkommen, bloß auf dem Eigenthumsrechte ruhend; bei einem durch Kunst verbesserten Grundstücke aber enthält sie außer jenem Einkommen noch die Miethe eines stehenden Erwerbstammes."[10]

Den ersten Teil dieses Preises nennt Storch die "ursprüngliche" Rente. Mit dieser Definition steht Storch im Widerspruch zu Ricardo und dessen Arbeitswertlehre.

Storchs "ursprüngliche" Rente ist, wegen der Knappheit des Bodens, der bestimmende Faktor für den Preis des Bodens, d. h. sie ist nicht als Zins für das im Boden gebundene Kapital zu verstehen. Vielmehr zeichnen Angebot und Nachfrage, sowohl nach landwirtschaftlichen Produkten als auch nach Boden direkt, für die Höhe der Bodenrente verantwortlich. Somit hat die Bodenrente bei Storch auch nur einen "tatsächlichen" und keinen "natürlichen" Satz. In diesem Punkt steht Storch im Widerspruch zu Smith, denn anders als dieser billigt er der Grundrente keinen "nothwendigen" oder "natürlichen" Satz zu. Vielmehr weist Storch darauf hin, daß der Boden, anders als Kapital und Arbeit, auch dann noch als Produktionsfaktor genutzt wird, wenn ihm kein ursprüngliches Einkommen mehr zufließt.

> "Der hohe oder niedrige Betrag des Lohnes, Gewinnes und der Verlagsrente ist demnach *Ursache* des hohen oder geringen Waarenpreises, während die jedesmalige Größe der Grundrente eine *Wirkung* des Waarenpreises ist. Von diesem hängt es ab, ob viel oder wenig oder gar nichts zur Bezahlung einer Grundrente übrig bleibt. Obgleich dieselbe von einem Monopol herrührt, so kann sie doch ohne Gränze fortsinken. Wird der Arbeitslohn nicht mehr bezahlt, oder geben die Unternehmungen keinen Gewinn mehr, so stockt das Gewerbe; giebt der Verlag keine Rente mehr, so wird er anderswohin gebracht oder nichtwerbend aufgezehrt; wenn aber ein Grundstück keine Rente mehr trägt, so kann es bloß von keinem Pachter bebaut werden, und der Eigenthümer kann immer noch Vortheil dabei finden, es auf seine Rechnung bearbeiten zu lassen, wenn er wenigstens auf einen Unternehmegewinn dabei rechnen darf."[11]

---

[10] Storch v., H., 1819, a.a.O., Bd. 1, S. 234.

[11] Storch v., H., 1819, a.a.O., Bd. 1, S. 238f..

In diesem Zitat zeigt sich deutlich, daß Storch, wie nach ihm David Ricardo, die "ursprüngliche" Rente als Residuum aus Marktpreis und "nothwendigem" Preis[12] der landwirtschaftlichen Produkte definiert.

Weiterhin beschreibt Storch, welche Umstände die Höhe der Grundrente bestimmen. Zunächst wird im "Handbuch der Nationalwirthschaftslehre" aber der Boden in drei Güteklassen aufgeteilt.

Auf Böden der ersten Kategorie werden Nahrungsmittel hergestellt. Böden der nächsten Kategorie dienen der Produktion von Waren, die zur Befriedigung von Kleidungs- und Wohnungswünschen benötigt werden. Auf Böden der ersten beiden Kategorien werden somit Produkte erzeugt, die die Grundbedürfnisse befriedigen. Über die elementaren Bedürfnisse hinausgehende bezeichnet Storch als "künstliche".[13] Böden auf denen Produkte zur Befriedigung dieser Bedürfnisse angebaut werden, erfaßt die Bodenkategorie drei. Entsprechend des Entwicklungsprozesses einer Volkswirtschaft werden die Böden der verschiedenen Kategorien zeitlich aufeinanderfolgend zur Güterproduktion genutzt.

Innerhalb dieser Klassen führt Storch neben der Lage noch die Fruchtbarkeit des Bodens, die wohl mit Ricardos Bodenqualitätsbegriff gleichgesetzt werden kann, als Bestimmungsfaktor der Rentenhöhe an. Da die Knappheit bei Storch ohnehin Voraussetzung für das Entstehen von Renten ist, nennt er alle Einflußfaktoren, die auch Ricardo zur Begründung der Differentialrente erwähnt.

Graphisch wird dieser Zusammenhang in Abbildung 2 dargestellt. Wird am Markt die Menge x_4 eines Gutes, z. B. Weizen, angeboten und nachgefragt, so ergibt sich ein Marktpreis von p_0. p_0 entspricht genau dem "nothwendigen" Preis des Weizens, der auf dem Boden B_4 produziert wird. Auf den Böden B_1 bis B_3 entstehen in diesem Fall Renten, deren Höhe von Lage und Fruchtbarkeit der Böden abhängig ist. Die schraffierten Rechtecke geben die jeweils entstehenden Renten an.

---

12 Anstelle des Begriffes "nothwendiger Preis" benutzt Storch bei landwirtschaftlichen Produkten auch die Bezeichnung "innerer" Preis. Dieser wird durch die Höhe des "natürlichen" Lohnes, des Unternehmergewinns und der Verlagsrente bestimmt.

13 Vgl. Storch v., H., 1819, a.a.O., Bd. 1, S. 242.

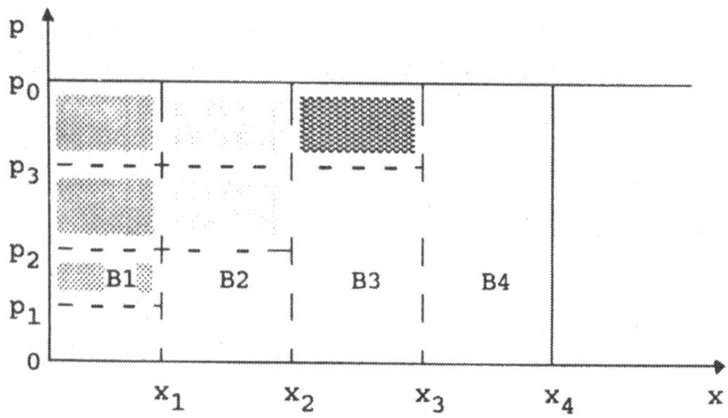

Abbildung 2: Die Grundrente
Quelle: Ott, A. E., Geschichte der theoretischen Volkswirtschaftslehre, Göttingen, 1985, S. 71.

> "Die Rente ist um so höher, je näher ein Grundstück dem Markte seiner Erzeugnisse liegt, und umgekehrt. Entfernung des Marktes erhöht die Frachtkosten, folglich den inneren Preis der Waare, und läßt daher einen geringeren Theil von dem Marktpreise für die Grundrente übrig."[14]

Einer solchen Argumentation würde Ricardo zustimmen, auch wenn nicht explizit erwähnt wird, daß auf dem zuletzt verwendeten Boden keine Rente entsteht. Die Möglichkeit, daß auch auf einem Grenzboden Rente entsteht, würde Storch allerdings nicht ausschließen, denn in

> "einem wohlhabenden, bevölkerten Staate sind alle Grundstücke gut gelegen, weil ihre Erzeugnisse überall Absatz finden."[15]

Aufgrund der verstärkten Nachfrage für landwirtschaftliche Produkte steigt in einer entwickelten Wirtschaft die Nachfrage nach Boden und damit dessen Rente. In einem solchen Land führt, mit anderen Worten, die steigende Nachfrage zu höheren Marktpreisen, die sogar zunächst schneller steigen können als der "innere" bzw. "nothwendige" Preis, so daß die Rente anwachsen kann.[16] Storch zieht daraus den Schluß, daß, insbesondere bei höherwertigen Waren, ein hoher Marktpreis sowie eine gute verkehrstechnische Infrastruktur die Möglichkeit zur Entstehung von Renten, auch auf vom Markt weit entfernten Böden, schafft.

---

14 Storch v., H., 1819, a.a.O., Bd. 1, S. 242.

15 Storch v., H., 1819, a.a.O., Bd. 1, S. 243.

16 Storch verweist darauf, daß in einer sich entwikkelnden Gesellschaft die Löhne zwar steigen können, aber die Verlagsrenten bzw. Zinsen fallen.

Bei seinen Ausführungen über die Wirkung der Fruchtbarkeit auf die Rentenhöhe betrachtet Storch nur die "natürliche Fruchtbarkeit", d. h. nicht jene Fruchtbarkeit, die durch Investitionen in den Boden erhöht wurde, und Grundstücke, auf denen gleiche Produkte hergestellt werden.

> "In diesem Sinne geben die fruchtbarsten Ländereien die höchste Rente, und nach diesen bestimmt sich die Rente aller übrigen, die mit jenen im Mitbewerb stehen."[17]

Liegt der Marktpreis so hoch, daß auch weniger fruchtbare Böden genutzt werden, so führt dies zu abnehmenden Renten auf den ergiebigeren Böden, denn wenn

> "der Preis eines Erzeugnisses so hoch steht, daß man durch dessen Anbau auch von den mittelmäßigen Ländereien eine Rente erhalten kann, so werden diese bearbeitet; dadurch nimmt das Angebot zu, und der Preis sowohl als die Rente geht herab."[18]

Wie bei Adam Smith und David Ricardo fließt auch bei Heinrich v. Storch die Rente den Grundbesitzern zu, ohne daß diese Verteilung kritisch hinterfragt wird. Bei einer wachsenden Bevölkerung und Verbesserung der Bodenqualität steigt einerseits die Rente, die dann über die ursprüngliche Grundrente hinausgehen kann, andererseits führen Wachstum und Innovationen in anderen Branchen zu sinkenden Preisen bei gewerblichen Produkten, so daß langfristig die Grundbesitzer in der Lage sind, mehr Waren einzutauschen.

Als Resümee läßt sich festhalten, daß Storchs Rententheorie wesentlich schlüssiger erscheint als die seines Vorgängers Adam Smith. Dies vor allem, weil Storch nur einen "tatsächlichen" Satz der Rente zuläßt und auf einen natürlichen bzw. "nothwendigen" Satz verzichtet. So gelingt es ihm, im Gegensatz zu Smith, zu zeigen, wie Angebot und Nachfrage auf die ursprüngliche Rente wirken. Daneben wird ebenso deutlich, daß dieser Ökonom bereits den Differentialcharakter der Grundrente voll erkannte und dies auch ausdrückte, obwohl seine Argumentationsweise nicht immer so einsichtig erscheint wie die von David Ricardo. Da Storchs Werk dessen Veröffentlichung zwei Jahre vorausgeht, kann Storch als ein Begründer der Differentialrententheorie angesehen werden.

---

[17] Storch v., H., 1819, a.a.O., Bd. 1, S. 244.

[18] Storch v., H., 1819, a.a.O., Bd. 1, S. 244f..

3.6 Diskussion der Außenhandelstheorie

Auch in diesem Abschnitt sollen zunächst kurz die Grundsätze der Theorien der englischen Klassiker, insbesondere die der Außenhandelstheorie Ricardos, vorgestellt werden. Nur so kann eine gerechte Würdigung Storchs gelingen. Auf eine Darstellung weiterführender Ansätze, wie z. B. der Theorie der reziproken Nachfrage von John Stuart Mill,[1] wird hier verzichtet. Dies ist gerechtfertigt, weil diese späteren klassischen Ansätze bei der hier vorzunehmenden Würdigung nicht zwingend berücksichtigt werden müssen.

3.6.1 Grundlagen der englischen klassischen Außenhandelstheorie

Die Freihandelsdoktrin der Klassiker löste den Glauben der "naiven Merkantilisten" an wohlstandsteigernde Edelmetallimporte durch einen Exportwarenüberschuß ab. Vielmehr hofften die englischen Klassiker, durch eine liberale Wirtschaftsordnung den Austausch inländischer Produkte gegen ausländische Waren, die im Inland gar nicht oder nur kostenungünstiger produziert werden konnten, zu fördern. Adam Smith betrachtete hier nur absolute Kostenunterschiede.

> "Kann uns also ein anderes Land eine Ware liefern, die wir selbst nicht billiger herzustellen imstande sind, dann ist es für uns einfach vorteilhafter, sie mit einem Teil unserer Erzeugnisse zu kaufen, die wir wiederum günstiger als das Ausland herstellen können."[2]

Adam Smith sieht im Außenhandel die Fortsetzung der intranationalen Arbeitsteilung auf internationaler Ebene,[3] die frei von staatlichem Einfluß bleiben soll.

> "Ein Handel, mit Hilfe von Prämien und Monopolen erzwungen, kann für das Land, zu dessen Gunsten man meinte, sie einführen zu müssen, nachteilig sein, und ist es gewöhnlich auch...Demgegenüber ist ein Handel ohne Zwang oder Beschränkung, den zwei Orte frei und regelmäßig miteinander betreiben, für beide stets vorteilhaft, wenn auch nicht immer im selben Ausmaß."[4]

---

[1] Vgl. Mill, J. S., Principles of Political Economy, 1. Aufl. London 1849, 5. Aufl. London 1862. Deutsche Übersetzung: Grundsätze der politischen Oekonomie, Hamburg, 1864.

[2] Smith, A., a.a.O., S. 372.

[3] Vgl. zu dieser Interpretation Schumann, J., Außenhandel III: Wohlfahrtseffekte, in: Handwörterbuch der Wirtschaftswissenschaften, Bd. 1, S. 403-426, Hrsg.: Albers W., u.a., Stuttgart, u.a., 1977 (im folgenden zitiert als Schumann, J., 1977), S. 404.

[4] Smith, A., a.a.O., S. 402.

So verurteilt er auch das Vorgehen der Kolonialmächte, das zwar den Kaufleuten große Gewinne sichert,

> "die Kolonien dagegen schlecht versorgt"[5], da diese gezwungen werden, "sehr teuer einzukaufen und sehr billig zu verkaufen".[6]

Bedeutungsvoll an der Smithschen Theorie ist insbesondere die Übertragung der liberalen Wirtschaftsordnungsidee auf den Bereich des Außenhandels. Anders als er sieht David Ricardo nicht nur die absoluten, sondern auch komparative Kostenvorteile als Ursache für Außenhandel an.

Ricardo illustriert seine Überlegungen an einer fiktiven Außenhandelssituation zwischen England, als Tuchexporteur, und Portugal, das im Gegenzug Wein liefert.[7]

> "England kann vielleicht so gestellt sein, daß man zur Tuchfabrikation der Arbeit von 100 Mann auf ein Jahr bedarf; und wenn es versucht, den Wein zu erzeugen, möchte die Arbeit von 120 Mann für dieselbe Zeit nötig sein. Infolgedessen läge es in Englands eigenem Interesse, Wein zu importieren und durch die Ausfuhr von Tuch zu erstehen.
>
> Um den Wein in Portugal zu produzieren, können vielleicht die Arbeit von nur 80 Mann im Jahre erforderlich sein, und um das Tuch daselbst zu fabrizieren, die von 90 Mann in derselben Zeit. Daher würde es für Portugal vorteilhaft sein, Wein zu exportieren im Tausche für Tuch. Dieser Tausch könnte sogar stattfinden, obgleich das von Portugal eingeführte Gut dort mit weniger Arbeit als in England produziert werden könnte. Obwohl es das Tuch mit der Arbeit von 90 Mann herstellen könnte, würde es dies doch aus einem Lande importieren, wo man zu seiner Fabrikation die Arbeit von 100 Mann benötigte, weil es für Portugal vorteilhaft sein würde, sein Kapital zur Produktion von Wein zu verwenden, für welchen es von England mehr Tuch erhalten würde, als es durch Ablenkung eines Teiles seines Kapitals vom Weinbau zur Tuchmanufaktur produzieren könnte."[8]

Werden die jeweils als kostant unterstellten Stückkosten in Einheiten der erforderlichen Arbeitszeit gemessen,[9] betragen diese in England 1 Einheit für Tuch, 1,2 Einheiten für Wein, in Portugal für Tuch 0,9 Einheiten und 0,8 Einheiten für Wein. Das Stückkostenverhältnis (Tuch:Wein) beträgt dement-

---

[5] Smith, A., a.a.O., S. 484.

[6] Smith, A., a.a.O., S. 484.

[7] Historischer Hintergrund für Ricardos Beispiel ist der Methuen-Handelsvertrag, welcher den Tausch von Portwein und englischem Tuch regelte.

[8] Ricardo, D., a.a.O., S. 112.

[9] Vgl. zu den folgenden Ausführungen Schumann, J., 1977, a.a.O., S. 404ff..

sprechend in England 1:1,2 bzw. 5:6 und im Portugal 0,9:0,8 bzw. 9:8. Nehmen die beiden Länder Außenhandelsbeziehungen auf und bleiben Transportkosten unberücksichtigt, hat demnach England einen absoluten Kostennachteil bei beiden Gütern, jedoch einen komparativen Vorteil bei Tuch. So kann England für sechs Exporteinheiten Tuch im Tausch mit Portugal mehr Tuch erhalten als die fünf Einheiten, die im autarken Zustand auf dem Binnenmarkt eintauschbar wären. Das genaue Gleichgewichtspreis- und -mengenverhältnis kann Ricardo, u. a. weil er nur die Angebotsseite betrachtet, nicht bestimmen, er zeigt aber, daß der Außenhandel für beide Staaten positive Wohlfahrtseffekte bringt.

Wenn angenommen wird, daß Portugal über 80 und England über 120 Arbeitseinheiten pro Periode verfügt und der Arbeitsstundenaufwand ein approximativ richtiges Maß für den Preis ist, so läßt sich der Zusammenhang als Abbildung 3 graphisch darstellen.[10] Das Preisverhältnis in England und Portugal sei willkürlich auf 1:1 festgesetzt und wird durch die gestrichelten Geraden dargestellt.

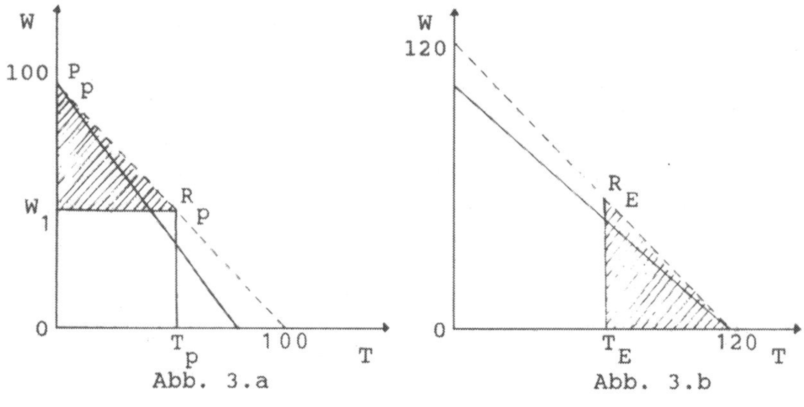

Abbildung 3: Konsum- und Außenhandelsmengen im Beispiel von David Ricardo für Portugal (Abb. 3a) und England (Abb. 3b) Quelle: Schumann, J., 1977, a.a.O., S. 405.

Die durchgezogenen Geraden in Abbildung 3, deren Steigungsbetrag durch die jeweiligen Stückkostenverhältnisse bestimmt ist, geben die Produktionsmöglichkeitenkurven für Portugal bzw. England an, die bei Autarkie den Konsummöglichkeitenkurven entsprechen.

---

10 Vgl. Schumann, J., 1977, a.a.O., S. 405.

Spezialisiert England (Portugal) sich völlig auf die Produktion von Tuch (Wein), spiegeln unter Einbeziehung von Nachfragebedingungen die schraffierten deckungsgleichen Außenhandelsdreiecke beispielhaft die ausgetauschten Gütermengen wider. In diesem Fall importiert Portugal z. B. Tuch in Höhe von W_pR_p und konsumiert diese Güter ebenso wie Wein, der im Umfang R_pT_p nachgefragt wird. Nach England exportiert Portugal Wein in einer Größenordnung von W_1P_p. In Abbildung 3.b ist diese Menge als (R_ET_E) Weinkonsum in England dargestellt. R_p, R_E sind in Abbildung 3 die Konsumpunkte und P_p, P_E die Produktionspunkte für Portugal und England bei Außenhandel.

Die gestrichelten Geraden stellen nach Aufnahme von Außenhandel die neuen Konsummöglichkeitenkurven dar, die oberhalb der Transformationskurven verlaufen, d. h., es ist nun mehr Konsum möglich. Voraussetzung dieser Gedankenführung ist neben vollständig freiem Handel, die Immobilität der Produktionsfaktoren und die Gültigkeit der Arbeitswertlehre. In Ricardos Theorie sind Unterschiede in den jeweiligen linearen Ein-Faktor-Produktionsfunktionen Bestimmungsgründe für komparative Kostenunterschiede.[11]

Im folgenden wird Storchs Außenwirtschaftstheorie vorgestellt und untersucht, ob Storch bereits mit komparativen Kostenunterschieden argumentierte.

---

[11] Vgl. Schumann, J., Englische klassische Außenhandelslehren, ihre Rezeption und Weiterentwicklung in der deutschen Nationalökonomie des 19. Jahrhunderts, in: Studien zur Entwicklung der ökonomischen Theorie VI, Schriften des Vereins für Socialpolitik, Hrsg.: Scherf, H., S. 29 - 64, Berlin, 1988 (im folgenden zitiert als Schumann, J., 1988), S. 37.

3.6.2 Storchs Außenhandelstheorie

3.6.2.1 Anlässe für Außenhandel

Storch mißt dem Außenhandel für die Weiterentwicklung eines Landes großes Gewicht bei. Dieses schätzt er sogar höher ein, als jenes der intranationalen Arbeitsteilung.

> "Der auswärtige Handel bewirkt eine noch viel stärkere Vervielfältigung seiner Tausche, als die Sonderung der Handwerker von den Landbauenden vermag."[12]

Wie die englischen Klassiker fordert Storch daher einen freien Außenhandel. Storch erklärt das Zustandekommen von Außenhandel zunächst nicht durch Arbeitsteilung, sondern durch monopolistische Positionen. Dies sind

> "in der Landwirthschaft, das *ausschließende Grundeigenthum*, und in allen Gewerben, das *Geheimnis eines vortheilhafteren Betriebes*."[13]

Als besonders vorteilhaft sieht er den Außenhandel für gewerblich weiter entwickelte Länder an, denn ein Volk,

> "welches wohlhabender wäre, als alle anderen, bei dem die Betriebsamkeit sich von Jahr zu Jahr vervollkommnete, und welches die Mittel gefunden hätte, den Erfindern das Monopol ihrer Erfindung zu sichern; ein solches Volk könnte, wenigstens eine Zeit lang, die Vortheile einer hervorbringenderen Gewerbsamkeit ausschließlich benutzen; es würde sich dann zu anderen Völkern so verhalten, wie ein Gewerksherr, der, im Alleinbesitze eines Gewerbsgeheimnisses, seine Waare höher verkaufen kann, als für den nothwendigen Preis, den sie ihn kostet. In einer solchen Lage befindet sich gegenwärtig England."[14,15]

Storchs Argumentation erscheint zunächst recht unkritisch. So hatte Adam Smith - wie oben gezeigt - den monopolistischen Außenhandel der Kolonialländer abgelehnt. Allerdings erklärt Storch die monopolistische Position eines Anbieters nicht wie Smith durch Ausbeutung oder Unterdrückung. Vielmehr beschreibt Storch schon sehr genau, welche Folgen innovatives Unternehmerverhalten für den Außenhandel hat. Eine verzögerte Ausbreitung von Innovationen wird von Storch als Anlaß für Außenhandel interpretiert. Wie Schumpeter sieht er - so lassen sich Storchs Ausführungen zumindest deuten - im innovativen Verhalten eine treibende Kraft und nimmt gleichzeitig

---

[12] Storch v., H., 1819, a.a.O., Bd. 2, S. 270.

[13] Storch v., H., 1819, a.a.O., Bd. 2, S. 234.

[14] Storch v., H., 1819, a.a.O., Bd. 2, S. 235.

[15] Es sei an die Bedeutung Englands für den russischen Außenhandel erinnert.

Ansätze dynamischer Außenwirtschaftstheorien, insbesondere des "technological gap trade"[16] vorweg.[17]

Neben dieser Art des Monopols geht Storch auch auf die internationale Arbeitsteilung ein.

> "Wollen beiderlei Völker von den Vortheilen aller Gewerbe zu gleicher Zeit Nutzen ziehen, so brauchen sie nur die Hervorbringnisse ihres Gewerbefleißes gegenseitig zu vertauschen; das arme Land wird seine gewonnenen Stoffe dem reichen überliefern, welches ihm dafür seinen Überfluß an Kunstwaaren abtritt und noch dazu die Verführung beider übernimmt. Wo könnte das große Gesetz der Arbeitstheilung in weiterem Umfange angewendet werden, als in den Verhältnissen der Völker zu einander? Auf diese Weise wird jedes Volk die Arbeit verrichten, die ihm am vortheilhaftesten ist".[18]

Hier werden die schon von Adam Smith genannten absoluten Kostenvorteile als Anlaß zum Handel zwischen den Völkern aufgeführt. Schumann zeigte, daß Storch darüber hinaus bereits die Bedeutung der komparativen Kostenvorteile[19] erkannte.

> "Was liegt einem Russen daran, daß die Engländer mit Hülfe ihrer Capitale und Maschienen in einem Tage die Wollen- oder Baumwollenzeuche gesponnen und gewebt haben, die er eintauscht gegen einen Vorrath an Hanf oder Talg, der ihn zwei Tage gekostet hat und sie eben so viel gekostet hätte? Wenn er, beim gegenwärtigen Zustande seiner Betriebsamkeit, sich nur mit Aufwand von drei Tagen die Stoffe jener Zeuche hätte verschaffen und verarbeiten können, so haben beide Völker bei dem Tausche eine gleiche Menge von Arbeit erspart, die beide anwenden können, um so viel mehr Zeuche, Hanf oder andere Dinge hervorzubringen. Offenbar haben beide Völker gleichmäßig Nutzen dabei, solche Waaren nicht selbst hervorzubringen, die sie wohlfeiler von einander kaufen können."[20]

Storch hat somit vor Ricardo auf die Bedeutung komparativer Kostenvorteile für den Außenhandel hingewiesen. Jedoch war Storch nicht der erste Ökonom, der Erkenntnisse dieser Art veröffentlichte. Robert Torrens beschreibt bereits 1808 in seiner ersten Veröffentlichung "The Economists Refuted" die Außenhandelssituation zwischen England und Frankreich beim

---

[16] Vgl. Hesse, H., Außenhandel I: Determinanten, in: Handwörterbuch der Wirtschaftswissenschaften, S. 364-388, Hrsg.: Albers, W., u.a., Stuttgart, 1977, S.371.

[17] Vgl. Schumann, J., 1988, a.a.O., S. 42.

[18] Storch v., H., 1819, a.a.O., Bd. 2, S. 232.

[19] Vgl. Schumann, J., 1988, a.a.O., S. 41. Diese Storchsche Erkenntnis deutet bereits Roscher an. Vgl. Roscher, W., a.a.O., S.812.

[20] Storch v., H., 1819, a.a.O., Bd. 2, S. 237.

Tausch von englischem Tuch und französischer Spitze.[21] Robbins interpretiert die dortigen Textpassagen dahingehend, daß Torrens bereits hier implizit komparative Kostenvorteile als Ursache für Außenhandel beschreibt.[22] Explizit weist Torrens 1815 in "An Essay on External Corn Trade" auf die Bedeutung der komparativen Kostenvorteile hin.[23,24] Da Storch die Bedeutung der komparativen Kostenunterschiede für den Außenhandel erkannte, forderte er, daß jedes Land sich auf seine spezifischen Vorteile in Abhängigkeit vorhandener Ressourcen[25] und des Entwicklungsstandes einer Nation konzentrieren sollte. Storchs Aussagen zur Außenwirtschaft stehen insofern im Einklang mit seiner Stufentheorie.[26]

> "So gut als Rußland offenbar verlieren würde, wenn es in Gewächshäusern Gewürze ziehen wollte, die wir von den Molucken erhalten, verliert es offenbar, wenn es Zeuche und Geräthe verfertigt, die in England wohlfeiler gekauft werden können, als es möglich ist, sie in Rußland zu erzeugen, und die Waaren gekauft werden, welche dort wieder wohlfeiler, als von den Engländern, hervorgebracht werden können. Zwar ist die Naturbeschaffenheit eines Landes immer unveränderlich, während Betriebsamkeit und Volkswohlstand fortschreiten, und Rußland nach und nach in den Stand setzen, dieselben Gewerbe zu treiben, wie die Engländer. Aber diesem Zeitpunkt voraus eilen, würde die Fortschritte hemmen."[27]

Jedoch läßt Storch die Möglichkeit offen, daß der Außenhandel für ein weiter entwickeltes Land eventuell einen höheren Wohlfahrtsgewinn mit sich bringt als für einen Agrarstaat. Vorteile sieht er aber für beide Partner, so daß ein

> "landbauendes Volk den Verkehr mit einem gewerk- und handelstreibenden auf keine Weise zu fürchten hat."[28,29]

---

[21] Vgl. Torrens, R., The Economists Refuted, London, 1808, S. 51-53. Zitiert nach Robbins, L., Robert Torrens and the Evolution of Classical Economics, London, New York, 1958, S. 21-23.

[22] Vgl. Robbins, L., a.a.O., S. 22.

[23] Vgl. Torrens, R., An Essay on the External Corn Trade, London, 1815, S. 263f.. Zitiert nach Robbins, L., a.a.O., S. 23f..

[24] Auf diese Ausführungen bei Torrens weist auch Viner hin. Vgl. Viner, J., Studies in the Theory of International Trade, New York, London, 1937, S. 628.

[25] Storch führt beispielsweise auf, wie die Engländer den Vorteil eines großen inländischen Brennstoffangebotes in der Produktion nutzen. Vgl. Storch v., H., 1819, a.a.O., Bd. 2, S. 238.

[26] Vgl. auch die Ausführungen unter A 3.4, S. 21-24.

[27] Storch v., H., 1819, a.a.O., Bd. 2, S. 238f..

[28] Storch v., H., 1819, a.a.O., Bd. 2, S. 233.

3.6.2.2 Kaufkraftparität und Wechselkurs

Bei der Würdigung der Storchschen Gedanken zur Außenwirtschaftstheorie dürfen seine Bemerkungen zum Problem des Wechselkurs-Überschießens nicht übersehen werden.[30] Dieses Phänomen, bzw. die Über- oder Unterbewertung einer Währung, wurde von den englischen Klassikern nicht untersucht.

Bevor auf Storchs Ausführungen und deren Interpretation eingegangen wird, sollen zunächst sehr kurz die Grundlagen der Kaufkraftparitätentheorie dargestellt werden. (w) ist der Wechselkurs einer Fremdwährung, der bestimmt wird durch das Verhältnis von Inlandspreisniveau (P_I) und Auslandspreisniveau (P_A).[31] Bei Vernachlässigung von Transportkosten, Zöllen und Gebühren etc. gilt nach der Kaufkraftparitätentheorie:

(1) $P_I = w\ P_A$.

In Wachstumsraten ausgedrückt[32] herrscht Kaufkraftparität wenn gilt:

(2) $P_I^* = w^* + P_A^*$.

Eine relative Über- bzw. Unterbewertung der inländischen Währung ist demnach bei

(3) $w^* \neq P_I^* - P_A^*$

gegeben.

---

[29] Es sei noch einmal auf die "Theorie des ungleichen Tauschs" erinnert.

[30] Auf die Aussagen von Storch zu diesem Thema wies als erster Bernholz hin, dem allgemein auch die "Wiederentdeckung" von Heinrich v. Storch zu verdanken ist. Vgl. zu der Wechselkursproblematik Bernholz, P., 1982, a.a.O.. Auch in folgenden Aufsätzen weist Bernholz auf Storchs Ausführungen zur Über- bzw. Unterbewertung einer Währung hin: Bernholz, P., Inflation and Monetary Constitutions in Historical Perspective, in: Kyklos, Vol. 36, 1983, S. 397-419. Bernholz, P., Gärtner, M., Heri, E. W., Historical experience with flexible Exchange Rates, in: Journal of International Economics, Vol. 19, S. 21-45, 1985, (im folgenden zitiert als Bernholz, P., 1985). Bernholz, P., Inflation, Monetary Regime and the Financial Asset Theory of Money, in: Kyklos, Vol. 41, 1988, S. 5-34.

[31] Vgl. Rose, K., Theorie der Außenwirtschaft, 9. Aufl., München, 1986, S. 93ff..

[32] Vgl. Bernholz, P., 1982, a.a.O., S. 1.

Anlaß zu Storchs Überlegungen war vermutlich das starke Ansteigen des Silber-Rubel-Preises in Papier-Rubel.[33] Seit 1769 wurden in Rußland sogenannte Assignaten ausgegeben. Dabei handelte es sich um Bankscheine mit aufgedruckten Werten zwischen 25 und 1000 Rubeln, die gegen Kupfergeld eingetauscht werden konnten. Gemessen an der Kaufkraft des Silber-Rubels kam es zur Unterbewertung des Papiergeldes. Diese Entwicklung trat in Rußland ein, nachdem 1787 eine starke Vermehrung des Papier-Rubels zu beobachten war, die bis 1810 andauerte. Storch zeigt auf, daß die Unterbewertung bei Beendigung der Inflation zurückgehen kann.[34]

Storch schreibt:

> "Das Verhältniß, in dem die Assignaten sanken, entwickelt die Tafel V., die in Silbergeld alle Veränderungen der Assignaten seit ihrer Entstehung anzeigt. Diese Tafel zeigt aber bloß den *Geldpreis*...der Assignaten, nämlich wie viel Silber man für sie bekommen kann, nicht aber den *sachlichen Wert*, oder wie viel Arbeit und russische Waaren man dafür erhält. In einem Lande, wo das Papiergeld vorherrscht, wird der Preis der Arbeit und der Waaren selten in Geld ausgedrückt, und um so weniger, je mehr der Überfluß an Papier die Münze verdrängt hat. Hiedurch wird das Volk leicht gewohnt, es wie wirkliches Geld zu betrachten und legt ihm die Unveränderlichkeit des Werthes bei, die es seit langer Zeit bei dem Silber kennt. Die Wirkung dieser allgemeinen Meinung ist, daß, wenn der Geldpreis des Papieres sich ändert, sein sachlicher Werth nicht folgen kann, sondern immer hinter diesem zurück bleibt. Wenn also der Geldpreis des Papieres sinkt, so steigt der Geldpreis der Arbeit und der Waaren nicht in demselben Verhältniß, und man kann mit dem Papier mehr Arbeit und Waaren im Vergleich zum Silber kaufen, als ehe es sank; mit anderen Worten: sein sachlicher Werth steht mehr oder weniger über seinem Geldpreise. *Steigt* aber im Gegentheil der Geldpreis des Papieres, so fallen die Geldpreise der Waaren und der Arbeit nicht in demselben Verhältniß, daher kauft man mit Papier im Vergleich zum Silber weniger Arbeit und Waaren, als vorher, d. h. sein sachlicher Werth bleibt mehr oder weniger *unter* seinem Geldpreise. So gegründet jedoch auch diese Beobachtung ist, so lehrt doch die Erfahrung, daß beide Werthe sich immer zu nähern und ins Gleichgewicht zu kommen streben; aber damit dies wirklich geschehen könne, ist es nothwendig, daß entweder der Geldpreis des Papieres sich nicht mehr verändere, oder eine entgegengesetzte Richtung als bisher nehme, denn sonst kann der Sachwerth, dessen Veränderungen langsamer sind, ihn nie erreichen."[35,36]

---

[33] Seine Ausführungen über die Auswirkungen einer starken Geldvermehrung in Bd. 2 des Handbuches der Nationalwirthschaftslehre(S. 128-144) ergänzt Storch durch die 16. Zugabe in Bd. 3 auf den Seiten 73 bis 154.

[34] Vgl. Bernholz, P., 1985, a.a.O., S. 16.

[35] Storch v., H., 1819, a.a.O., Bd. 3, S. 138f..

Storch beschreibt in dem Zitat sehr deutlich den Prozeß, der zur Unterbewertung der Papierwährung führt. Bei seiner Untersuchung der Wirkung einer Papiergeldmengenerhöhung teilt Storch die Beobachtungsperiode in zwei Zeiträume auf.

> "Während des ersten Zeitraums, der von 1800 bis 1803 geht, war der Geldpreis der Assignaten immer im Steigen, und ihr sachlicher Werth war *unter* seinem Geldpreise im Vergleich mit dem Jahr 1800,
>
> 1801 um 8 v. H.
>
> 1802 " 51 " "
>
> 1803 " 61 " "
>
> Obgleich der Silberrubel in Papier von 153 Kop. auf 125 gesunken war, oder von 100 auf 82, so fiel doch der Preis der Landeserzeugnisse nicht eben in dem Maße, sondern sie hoben sich im Verhältniß von 100 zu 143, so daß von einem Jahr zum anderen der Papierrubel immer mehr Geld und ausländische Waaren, aber immer weniger Arbeit und Landeserzeugnisse aufwog.
>
> In dem zweiten Zeitraume, der 1803 beginnt, *fiel* der Geldpreis der Assignaten beständig, auch stand der sachliche Werth der Assignaten *über* dem Geldpreise, im Verhältnis zum Jahr 1803
>
> 1804 um 1 v. H.
>
> 1806 " 10 " "
>
> 1809 " 17 " "
>
> 1810 " 68 " "
>
> 1811 " 135 " "
>
> 1812 " 103 " "
>
> 1813 " 103 " "
>
> 1814 " 98 " "
>
> Obgleich der Silberrubel in Papier nach und nach von 125 Kopeken auf 397 gestiegen war, oder von 100 auf 318, so stiegen doch die Waaren nicht in dem nämlichen Verhältniß, sondern bloß von 100 auf 220. Folglich galten während dieser ganzen Zeit die Assignaten, im Vergleich mit 1803, immer höher gegen inländische Arbeit und Landeswaare, als gegen Silber und fremde Waaren. Dieser Unterschied nahm immer zu, bis 1811, oder so lange der Geldpreis der Assignaten im Sinken war, und seitdem vermindert er sich, weil die Assignaten ungefähr den nämlichen Satz behalten haben. Geht es noch einige Jahre so fort, so wird ohne Zweifel der sachliche Werth wohl den Geldwerth noch erreichen.

---

[36] Zur Orientierung sei auf Tafel V. hingewiesen, auf die Storch Bezug nimmt. Sie ist gemeinsam mit weiteren Tafeln, die sich bei Storch zum Thema Wechselkurs finden lassen, am Ende dieses Kapitels S. 43ff. wiedergegeben.

> Dann werden die Preise aller Sachen in Papiergeld ungeheuer erscheinen, aber in Silber werden sie die nämlichen, wie 1803, seyn."[37]

Unter der Annahme eines kostanten ausländischen Preisniveaus, die auch Storch trifft, gilt $w^* > P_I^*$, wenn der Wert der Assignaten, in Silber-Rubel ausgedrückt, schneller fällt als ihr realer Wert.[38] Ursache hierfür ist die starke Erhöhung des Geldangebotes, wie es auch Storch beschreibt. Wird dieses wieder verringert, konvergieren Wechselkurs und inländisches Preisnveau bis gilt $w^* = P_I^*$ und somit Kaufkraftparität herrscht.[39]

Neben der Inflationsabwehr führt demnach eine Orientierung der Wechselkurse an der Kaufkraftparität zum Ende der Unterbewertung. Auch hier zeigt sich, daß Heinrich v. Storchs theoretische Überlegungen über die der englischen Klassiker hinausgehen.

Im folgenden werden die Tafeln wiedergegeben, auf die Storch sich bezieht, bzw. die zur Interpretation seiner Ausführungen herangezogen werden sollten.

---

[37] Storch v., H., 1819, a.a.O., Bd. 3, S. 140f..

[38] Siehe hierzu die wiedergegebenen Tafeln VIII und IX zu Ende dieses Kapitels.

[39] Vgl. Bernholz, P., 1982, a.a.O., S. 17. Auf eine ausführliche Diskussion dieses Themas wird hier verzichtet. Der interessierte Leser sei an die angegebenen Artikel von Bernholz verwiesen.

Tafel V

Menge der seit Errichtung der Bank ausgegebenen Assignaten, mit Angabe der Veränderung ihres Preises gegen Silber

Jahre	Jährliche Ausgabe	Ganze im Umlauf befindliche Menge	Mittelpreis des Silberrubels in Assignaten	Mittelpreis des Papierrubels in Assignaten
	Rub.	Rub.	Kop.	Kop.
1769	40,000,000	40,000,000	101	99
1770	- -	40,000,000	101	99
1771	- -	40,000,000	102	98
1772	- -	40,000,000	103	97
1773	- -	40,000,000	102	98
1774	- -	40,000,000	100	100
1775	- -	40,000,000	101	99
1776	- -	40,000,000	101	99
1777	- -	40,000,000	101	99
1778	- -	40,000,000	101	99
1779	- -	40,000,000	101	99
1780	- -	40,000,000	101	99
1781	- -	40,000,000	101	99
1782	- -	40,000,000	101	99
1783	- -	40,000,000	101	99
1784	- -	40,000,000	102	89
1785	- -	40,000,000	102	89
1786	- -	40,000,000	102	89
1787	60,000,000	100,000,000	103	97
1788	- -	100,000,000	108	92 3/5
1789	- -	100,000,000	109	91 3/4
1790	11,000,000	111,000,000	115	87
1791	6,000,000	117,000,000	123	81 1/3
1792	3,000,000	120,000,000	126	79 1/3
1793	4,000,000	124,000,000	135	74
1794	21,550,000	145,550,000	141	71
1795	4,450,000	150,000,000	146	68 1/2

Fortsetzung der Tafel auf der nächsten Seite.

Jahre	Jährliche Ausgabe	Ganze im Umlauf befindliche Menge	Mittelpreis des Silberrubels in Assignaten	Mittelpreis des Papierrubels in Assignaten
1796	7,703,640	157,703,640	142	70 1/2
1797	5,871,200	163,574,840	126	79 1/3
1798	31,356,765	194,931,605	137	73
1799	15,068,395	210,000,000	148	67 1/2
1800	2,689,335	212,689,335	153	65 1/3
1801	8,799,000	221,488,335	151	66 1/4
1802	8,976,090	230,464,425	140	71 2/5
1803	17,260,240	247,624,665	125	80
1804	13,033,885	260,658,550	126	79 1/3
1805	31,540,560	292,199,110	130	77
1806	27,040,850	319,239,960	137	73
1807	63,089,545	382,329,505	148	67 1/2
1808	95,039,075	477,368,580	186	53 3/4
1809	55,832,720	533,201,300	224	44 2/3
1810	43,798,700	577,000,000	300	33 1/3
1811	- -	577,000,000	394	25 2/5
1812	- -	577,000,000	379	26 2/5
1813	- -	577,000,000	397	25 1/5
1814	- -	577,000,000	797	25 1/5

Tabelle entnommen aus:
Storch v., H., Bd. 3, a.a.O., Tabellenanhang, Tafel V.

Tafel VII

Folgende Tabelle gibt den "*mittleren Curs* in jedem Jahr an. Die Einheit, mit welcher alle Größen verglichen werden, ist der jetzige *Silberrubel*, oder vielmehr dessen hunderster Theil."[40]

Curs auf Amsterdam

Jahre	Innerer Werth des Rubels in jetziger Silbermünze ausgedr.	Pari des Rubels in Stüver und Hunderttheilen derselben	Durchschnitts-Wechselcurs	Gewinn am Curse	
				für Rußland	gegen dasselbe
	Kopeken	Stüver	Stüver	v. H.	v. H.
1769	99	36,14	43	19	
1770	. .	. .	40	10 2/3	
1771	98	35,78	42	17 2/5	
1772	97	35,42	42	18 3/5	
1773	98	35,78	40	11 4/5	
1774	100	36,50	40	9 3/5	
1775	99	36,14	43	19	
1776	. .	. .	43	19	
1777	. .	. .	43	19	
1778	. .	. .	42	16 1/5	
1779	. .	. .	41	13 1/2	
1780	. .	. .	36		2/5
1781	99	36,14	39	7 9/10	
1782	. .	. .	39	7 9/10	

Fortsetzung der Tafel auf der nächsten Seite.

40 Storch v., H., 1819, a.a.O., Bd. 3, S. 209.

Jahre	Innerer Werth des Rubels in jetziger Silbermünze ausgedr.	Pari des Rubels in Stüver und Hunderttheilen derselben	Durchschnitts-Wechselcurs	Gewinn am Curse	
				für Rußland	gegen dasselbe
	Kopeken	Stüver	Stüver	v. H.	v. H.
1783	. .	. .	38	5 1/7	
1784	98	35,78	37 1/2	4 4/5	
1785	. .	. .	39	9	
1786	. .	. .	39	9	
1787	97	35,42	39	10 1/9	
1788	92 3/5	33.80	34	3/5	
1789	91 3/4	33,48	30		10 2/5
1790	87	31,74	30		5 1/2
1791	81 1/3	29,67	27 1/2		7 1/3
1792	79 1/3	28,97	27		6 4/5
1793	74	27,04	24 1/2		9 2/5
1794	71	25,89	27	4 1/3	
1795	68 1/2	25,01	28	12	
1796	70 1/2	25,70	29	12 5/6	
1797	79 1/3	28,97	30	3 1/2	
1798	73	26,65	27	1 1/3	
1799	67 1/2	24,66	25	1 2/5	
1800	65 1/3	23,86	24 1/2	2 2/3	
1801	66 1/4	24,17	28 1/4	4 1/2	
1802	71 2/5	26,07	28 1/8	7 7/8	
1803	80	29,20	31 1/2	7 7/8	
1804	79 1/3	28,97	30 3/4	6 1/7	
1805	77	28,07	30 1/2	8 2/3	
1806	73	26,65	26 3/4	2/5	
1807	67 1/2	24,66	23 1/5		4 7/10
1808	53 3/4	19,62	17 1/10		12 4/5
1809	44 2/3	16,29	15 9/10		2 2/5
1810	33 1/3	12,17	11		9 3/5
1811	25 2/5	9,26	10 1/4	10 2/5	
1812	26 2/5	9,63	11 4/5	22 4/5	
1813	25 1/5	9,19	11 3/8	23 7/9	
1814	. .	. .	10 3/8	12 5/6	

Tabelle entnommen aus:
Storch v., H., Bd. 3, a.a.O., Tafel VII, S. 209-217, abgedruckt sind hier die S. 212-213.

Tafel VIII

Innerer Werth der Kupfermünze, mit dem Werthe des Assignaten verglichen

Jahre	Innerer Werth des Rubels in Kupfer, ausgedrückt in Silbermünze	Werth des Papierrub. in Silbermünze	Gewinn	Verlust
			bei der Ausgabe von Kupfermünze gegen Papier	
	Kopeken	Kopeken	v. H.	v. H.
	Das Pud[41] zu 16 Rubel ausgebracht			
1769	50	99	49 1/2	
1775	61 7/8	99	37 3/4	
1785	61 1/4	98	37 1/2	
1795	70 5/8	68 1/2		3 1/5
1800	86	65 1/2		31 7/11
1801	87	66 1/4		31 8/25
1802	105	71 2/5		47 1/17
1803	115	80		43 3/4
1804	110 1/4	79 1/3		28 1/25
1805	106 7/8	77		27 19/20
1806	100 3/8	73		37 1/2
1807	91 3/4	67 1/2		35 23/25
1808	75 3/5	53 3/4		40 13/20
1809	62 3/4	44 2/3		28 82/100
1810	83 1/3	33 1/3		150
	Das Pud zu 24 Rubeln:			
1811	38 4/5	25 2/5		52 3/4
1812	37 6/11	26 2/5		42 2/9
1813	31 2/3	25 1/5		25 5/7
1814	33 3/4	25 1/5		33 7/8

Tabelle entnommen aus:
Storch v., H., Bd. 3, a.a.O., Tabellenanhang Tafel VII.

41 Pud ist eine russische Gewichtseinheit. 10 Pud 1 Verkoweg ergeben ein russisches Pfund (Fund), das wiederum 0,8756 preußischen Pfund entspricht.

Tafel IX

Versuch einer Berechnung
des
Sachpreises des Papiergeldes, im Vergleich mit
seinem Geldpreise

Jahre	Preis eines Pud Roggenmehl in St. Petersburg		Preis des Silberrubels in St. Petersburg	
	Papier-Rub.	Kop.	Papier-Rub.	Kop.
1800		70	1	53
1801		75	1	51
1802	1	00	1	40
1803	1	00	1	25
1804	1	00	1	26
1806	1	00	1	37
1809	1	62	2	24
1810	1	72	3	00
1811	1	80	3	94
1812	2	00	3	79
1813	2	15	3	97
1814	2	20	3	97

Veränderungen in diesen Preisen

Da der Geldpreis des Assignaten bis 1803 gestiegen und seitdem gesunken ist, so werden hier die Preise der Jahre 1801, 2 und 3 mit denen von 1800, und die Preise der folgenden Jahre mit denen von 1803 verglichen.

Fortsetzung der Tafel auf der nächsten Seite.

I. Zeitabschnitt 1800 - 1803

Jahre	Sinken des Sachwerthes des Assignaten. Der Preis des Roggen stieg in folg. Verhältniß:	Steigen des Geldpreises des Assignaten. Der Preis des Silberrubels stand in folg. Verhältniß:	Unterschied. Der Sachwerth des Assignaten war niedriger als sein Geldpreis gegen den von 1800, um
1800	100	100	
1801	107	99	8 v.H.
1802	143	92	51 v.H.
1803	143	98	61 v.H.

II. Zeitabschnitt 1803 - 1814

Jahre	Sinken des Sachwerthes des Assignaten. Der Preis des Roggen stieg in folg. Verhältniß:	Steigen des Geldpreises des Assignaten. Der Preis des Silberrubels stieg in folg. Verhältniß:	Unterschied. Das Sinken des Geldpreises war stärker, oder der Sachwerth höher als der Geldpreis, gegen den von 1803, um
1803	100	100	
1804	100	101	1 v.H.
1806	100	110	10 v.H.
1809	162	179	17 v.H.
1810	172	240	68 v.H.
1811	180	315	135 v.H.
1812	200	303	103 v.H.
1813	215	318	103 v.H.
1814	220	318	98 v.H.

Tabelle entnommen aus:
Storch v., H., Bd. 3, a.a.O., Tabellenanhang Tafel IX.

4 Die Einordnung des Storchschen "Handbuches der Nationalwirthschaftslehre"

4.1 Die geistigen Strömungen und die Einordnung Storchs in Rußland

Rußland war, wie im Abschnitt 2 deutlich wurde, an der Wende vom achtzehnten zum neunzehnten Jahrhundert gegenüber Deutschland und insbesondere gegenüber England ein äußerst rückständiger Staat. Obwohl die Notwendigkeit von Reformen in dem absolutistisch beherrschten Land erkannt wurde, kamen diese u. a. aufgrund der Haltung einzelner traditionalistischer Bevölkerungsgruppen nicht zum Tragen.

Während sich in England neue Ideen und Philosophien bereits im achtzehnten Jahrhundert und eher ausbreiteten,[1] gab es auf dem Kontinent bedeutende Änderungen in dieser Hinsicht erst nach der französischen Revolution von 1789. Die "neuen Gedanken" breiteten sich aber nur langsam nach Osten aus und zeigten in Rußland keine Wirkung, auch wenn die Ziele der französischen Revolution in einigen Kreisen begeistert aufgenommen wurden. Jedoch wurden die möglichen Konsequenzen dieser Ziele kaum refektiert.[2]

Zu Beginn des neunzehnten Jahrhunderts, insbesondere nach dem Wiener Kongreß, wurde in Rußland eine Industrialisierungsdebatte geführt, die auf zwei Ebenen ablief. Zum einen erfolgte die Auseinandersetzung zwischen Vertretern des Freihandels und des Protektionismus, aber auch zwischen prinzipiellen Gegnern sowie Befürwortern einer Industrialisierung an sich. Belebt wurde diese Diskussion auch durch Heinrich v. Storch, der wie Turgenev zu den einflußreichsten Liberalen und Freihandelsvertretern gehörte.[3]

---

[1] Es sei hier nur auf Bernard de Mandville mit seiner "Fable of the bees, or private vices public benefits" und John Locke hingewiesen. Erwähnt werden müssen natürlich auch die beiden akademischen Lehrer von Adam Smith, nämlich Francis Hutcheson und David Hume.

[2] So kann auch die Veröffentlichung des Werkes "Reise von Petersburg nach Moskau" von Radiscev im Jahre 1792, in welchem die Armut und das Elend der unfreien Bauern angeprangert wird, nicht als Aufruf zum Protest oder gar zur Revolution verstanden werden.

[3] Vgl. Blackwell, W. L.,The Beginnings of Russian Industrialisation 1800-1860, Princeton, New Jersey, 1968, S. 123.

List würdigte den Einfluß Storchs wie folgt:

> "Die Schriften des Herrn Storch standen in Rußland in nicht geringerem Ansehen als die des Herrn Say in Deutschland."[4]

Als Vertreter der Smithschen Lehren sah sich Storch heftiger Kritik der Protektionisten ausgesetzt, die ihre Ziele politisch schließlich durchsetzen konnten, da sie als Fabrikanten, Händler und adlige Landherren über die nötige soziale Macht verfügten.

Besonders heftig umstritten war die Frage, ob Rußland überhaupt industrialisiert werden sollte. Hier standen sich Nationalisten oder auch Traditionalisten und Vertreter, die eine Öffnung zum Westen forderten und gleichzeitig Industrialisierungsbefürworter waren, gegenüber. Erstere wollten Rußland als reinen Agrarstaat erhalten oder nur eine langsame partielle industrielle Entwicklung dulden, während ihre Gegner einen möglichst raschen und vom Staat stark vorangetriebenen und subventionierten Industrieaufbau forderten. Einflußreiche Industriebefürworter, wie z. B. Rumintsev, Speranski und Kozodavlev, befanden sich in der höheren Administration und waren zugleich häufig Protektionisten.

Storch forderte eine langsame, aber stetige industrielle Entwicklung Rußlands. Er war jedoch keinesfalls ein naiver Traditionalist. Vielmehr war er der Meinung, daß ein Land sich zunächst auf seine eigenen Stärken konzentrieren muß. Er argumentierte anhand der entwicklungsgeschichtlichen Gedanken, die er in seiner Stufentheorie niedergelegt hatte.[5] Zu berücksichtigen ist bei dieser Argumentation Storchs auch, daß er bereits die Bedeutung komparativer Kostenvorteile für den Außenhandel zu beurteilen wußte.[6]

Seine wirtschaftstheoretischen Erkenntnisse, seine Einstufung Rußlands als Agrarnation und die von Smith übernommene Theorie des internationalen Handelsgleichgewichts ließen Storch zu dem Schluß kommen, daß Rußland zunächst als Rohstofflieferant für die westlichen Industrienationen agieren müsse. Storchs Meinung wurde auch von anderen zeitgenössischen Wirt-

---

4 List, F., Das nationale System der politischen Ökonomie, in: Werke, a.a.O., Bd. 6, Hrsg.: Sommer, A., Berlin, 1930, S. 137.

5 Vgl. Storch v., H., 1819, a.a.O., Bd. 2, S. 219-334 und die Ausführungen zu dieser Problematik unter A 3.4, S. 21-24.

6 Vgl. Storch v., H., 1819, a.a.O., Bd. 2, S. 234ff. und die Darstellung unter A 3.6.2.1, S. 36-38.

schaftswissenschaftlern[7] wie Hermann, Kunitsyn, Arsenev und Balugiansky, die ebenso in St. Petersburg lehrten und die Gedanken der europäischen Wirtschaftstheorie übernommen hatten, vertreten.[8] Der Historiker Blackwell glaubt auch diese frühen russischen Ökonomen als Smithianer bezeichnen zu können,[9] ob dies wirklich zulässig ist bedarf einer gesonderten Untersuchung.

Die Stellung der genannten Wissenschaftler war allerdings nicht ungefährdet. Offiziell wurde durch Nikolaus I. die Verbreitung physiokratischer und liberaler Smithscher Vorstellungen untersagt.[10] Dennoch beteiligte Storch sich an der politischen Diskussion stark und hebt sich schon hierdurch von seinen Kollegen ab. Storchs Forderungen führten zu einer Auseinandersetzung mit dem stark engagierten Industrialisierungsbefürworter Mordvinow, der neben einer Steuer-, Geld- und Haushaltsreform eine aktive Industriealisierungspolitik und Schutzzollpolitik forderte.[11] In der Administration wurden Storchs Gedanken vom Finanzminister Gurev (1810-1823) aufgegriffen, während dessen Nachfolger Kankrin jeder Neuerung und Industrialisierung ablehnend gegenüberstand. Aufgeriffen und weiterentwickelt wurden Storchs Ideen auch von einem der bekanntesten russischen Ökonomen, Tengoborskii, der seinerseits auf Eigenheiten der russischen wirtschaftlichen Verhältnisse hinwies.[12]

Storch spielte also, wie gezeigt, in der russischen Industrialisierungsdebatte eine bedeutende Rolle, in der er sich als Vertreter der Freihandelsposition auszeichnete. Dabei stützte er in der politischen Diskussion die Argumentation auf seine Stufentheorie und sein Wissen über die Bedeutung komparativer Kostenvorteile für den Außenhandel.

---

[7] Vgl. Blackwell, W. L., a.a.O., S. 145. Der hier genannte Ökonom I. F. Hermann, darf nicht mit dem deutschen Nationalökonomen Friederich B. W. Hermann verwechselt werden.

[8] Adam Smiths Werk "Wealth of Nations" wurde zwischen 1802 und 1806 in Rußland veröffentlicht und prägte das Gedankengut der in St. Petersburg lehrenden Ökonomen sehr stark.

[9] Vgl. Blackwell, W. L., a.a.O., S. 144f..

[10] Vgl. Studenski, P. The income of Nations, 2 Bd., Bd. 1, History, New York, 1961, S. 138.

[11] Vgl. Blackwell, W. L., a.a.O., S. 132f..

[12] Vgl. Blackwell, W. L., a.a.O., S. 145.

4.2 Die Einordnung des Storchschen"Handbuches der Nationalwirthschaftslehre" in die Dogmengeschichte

Obwohl Storchs Werk seinerzeit nicht nur im russischen und deutschen, sondern auch im französischen und englischen Sprachraum diskutiert wurde, fand er unter Dogmenhistorikern bis vor wenigen Jahren keine angemessene Beachtung. Say stuft Storch im "Vollständigen Handbuch der praktischen National=Oekonomie" als einen Autor ein, der der Nationalökonomie dadurch Dienste leistet,

> "daß er die guten Schriftsteller abschreibt."[13]

Positiv hebt Say hervor, daß Storch zur Verbreitung Smithscher Gedanken in Rußland beigetragen hat.[14] Im Vorwort zu Says "Darstellung der Nationalökonomie" werden die Vorlesungen Storchs in Petersburg noch lobend hervorgehoben.[15] Jedoch wurde diese Vorrede vom deutschen Übersetzer Morstadt und nicht von Say selbst verfaßt. Auch der Streit über die "produktive" und "unproduktive" Arbeit zwischen Storch und Say[16] war zu diesem Zeitpunkt noch nicht entfacht. Storchs Vorlesungen dürften Say aber gut bekannt gewesen sein, da auch Say Mitglied der Akademie von St. Petersburg war.

Später wurde versucht, Storchs Werk einzelnen Schulen[17] bzw. wirtschaftstheoretischen Richtungen zuzuordnen. Eine erste Einordnung erfolgte durch Wilhelm Roscher,[18] der Storch als einen Hauptvertreter der von ihm so

---

13 Say, B. J., Cours complet d'Économie politique pratique, 6 Bd., Paris 1828/1829. Deutsche Übersetzung: Vollständiges Handbuch der National=Oekonomie, 6 Bde., Stuttgart, 1829/1830, Bd. 6, Stuttgart, 1830 (im folgenden zitiert als Say, J. B., 1830), S. 337.

14 Vgl. Say, J. B., 1830, a.a.O., S. 311.

15 Vgl. Say, J. B., 1818, a.a.O., S. XI.

16 Siehe hierzu die Ausführungen unter B 2.2, S. 65-72.

17 Auf eine Diskussion des Begriffes "Schule", bzw. "ökonomische Schule" wird hier verzichtet. Hingewiesen sei in diesem Zusammenhang auf die "Johann-Heinrich-von-Thünen-Vorlesung", die Jürg Niehans auf der Jahrestagung des Vereins für Socialpolitik am 06.10.1988 in Freiburg i. Breisgau hielt. Unter dem Thema "Klassik als nationalökonomischer Mythos" setzte sich Niehans kritisch mit der Relativität des Schulenbegriffs auseinander. Veröffentlicht in Zeitschrift für Wirtschafts- und Sozialwissenschaften, Vierteljahresschrift der Gesellschaft für Wirtschafts- und Sozialwissenschaften-Verein für Socialpolitik, Hrsg.: Woll, A. u.a., 109 Jg. 1989, Heft 1, S. 1-17.

18 Vgl. Roscher, W. a.a.O., S. 790-821.

benannten "deutsch-russisch Schule" einstufte. In dieser Schule faßt Roscher Ökonomen mit unterschiedlichster Ausrichtung, aber auch Politiker zusammen. Erwähnt seien insbesondere Christian v. Schlözer, Ludwig Heinrich Jakob und Georg Graf Kankrin.[19] Eine genauere Analyse der vertretenen Theorien zeigt, daß es sich hier um keine homogene Gruppe handelt,[20] vielmehr weichen die ökonomischen Ansichten erheblich voneinander ab. In dieser Schule erfaßt Roscher aber noch weitere Personen; so reicht die Liste von Katharina der Großen über Bernhardi, Wolkoff, Brückner, Walcker bis zu Brens.[21] Gemein ist dieser Gruppe lediglich, daß ihre Vertreter sowohl mit Deutschland als auch mit Rußland in Berührung gekommen sind. Gemeinsame Sprache und/oder Herkunft als Kriterium einer wissenschaftlichen Schule heranzuziehen, erscheint äußerst fragwürdig, so daß eine dogmenhistorische Einordnung Storchs in eine "deutsch-russische Schule" wenig sinnvoll ist. Gleichzeitig bezeichnet Roscher diese Nationalökonomen als Vorläufer der Historischen Schule.[22] Die Vertreter der historischen Schule ersetzen die abstrakte Theorie der Klassiker durch eine detaillierte Beschreibung der sozialen und wirtschaftlichen Gegebenheiten. Neben Roscher gelangen auch andere Dogmenhistoriker zu dem Ergebnis, daß Storch als ein Vorläufer der Historischen Schule anzusehen ist.[23]

Einer solchen Einordnung Storchs ist jedoch nur dann zuzustimmen, wenn der Begriff "Vorläufer" sehr weit gefaßt ist. In seinem Werk legt Storch vielmehr das Hauptgewicht auf die abstrakte Theorie, wobei er seine Ausführungen teilweise durch historische Beispiele untermauert. Methodologisch weicht Storch von seinem Vorbild Adam Smith nicht ab und muß daher als Smithianer, bzw. als Vertreter der klassischen Schule eingestuft werden. Eine solche Einordnung erfährt das Storchsche Werk auch in der gegenwärtigen Literatur zur Dogmengeschichte.[24]

---

19 Häufig ist auch die Schreibweise Cancrin zufinden.

20 Vgl. Seraphim, H.-J., Die Deutsch-russische Schule, in: Jahrbücher für Nationalökonomie und Statistik, Hrsg.: Elster, L., Bd. 122, Jena, 1924, S. 319-336.

21 Vgl. Roscher, W., a.a.O., S. 1041 f..

22 Vgl. Roscher, W., a.a.O., S. 791.

23 Vgl. Schumpeter, J. A., 1965, Bd. 1, a.a.O., S. 617.

24 Vgl. Schumann, J., 1988, a.a.O., S. 60f., Schumpeter, J. A., 1965, Bd. 1, a.a.O., S. 617, Winkel, H., Adam Smith und die deutsche Nationalökonomie 1776-1820, in: Studien zur Entwicklung der ökonomischen Theorie V, Hrsg.: Scherf, H., Schriften des Vereins für Socialpolitik, Berlin, 1986, S. 98f..

B. Die "gesellige Bildung" oder die "inneren Güter"

1 Begriffliche Grundlagen

1.1 Das allgemeine Instrumentarium

> "*Die Lehre von der geselligen Bildung* ... hat die Gesetze darzustellen, nach denen die inneren Güter in einem Volke hervorgebracht, angesammelt und verzehrt werden.
>
> Dieser Theil der Volkswirtschaftslehre ist noch nicht in ein Lehrgebäude gebracht worden; er ist eine neue Wissenschaft, für welche die Alten und Neueren vortrefflichen Stoff gesammelt haben, der aber, um ein Ganzes zu werden, erst geordnet, vervollständigt und verbunden werden muß. Der gegenwärtige Abriß soll nur, als Versuch, die Grundlinien dieses Gebäudes darstellen."[1]

Mit diesen Sätzen in seiner Einleitung zum zweiten Teil[2] des "Handbuches der Nationalwirthschaftslehre" unter dem Titel "Von der geselligen Bildung" weist Storch darauf hin, daß er nach eigener Einschätzung mit seiner Arbeit wissenschaftliches Neuland betritt. Überlegungen anderer deutscher Nationalökonomen jener Zeit gingen teilweise in die gleiche Richtung, ohne daß diese Autoren ihre Gedanken zu einer vollständigen Theorie zusammenfassen konnten.[3] Im folgenden sollen die von Storch verwendeten Begriffe, häufig in Storchs eigener Sprache, dem Leser vorgestellt werden.

> "Wir verstehen unter *inneren Gütern* alle unkörperlichen Früchte der Natur und der Arbeit, in denen der Mensch eine Nützlichkeit findet und welche das moralische Eigenthum desselben bilden können."[4]

Diese Güter sind nach Storchs Meinung fester Bestandteil des menschlichen Wesens.[5] Storch unterteilt die Gesamtheit der "inneren Güter" in "Haupt- und Hilfsgüter", wobei die zweiten zwingende Voraussetzung für die Existenz der ersteren sind.

> "Die *Hauptgüter* bestehen aus unseren Anlagen selbst und Allem, was zu ihrer Entwicklung oder Vervollkommnung unmittelbar dient. Sie können nach der Verschiedenheit der menschlichen Anlagen auf folgende Weise bezeichnet

---

[1] Storch v., H., 1819, a.a.O., Bd. 2, S. 337 f..

[2] Vgl. Storch v., H., 1819, a.a.O., Bd. 2, S. 335-518.

[3] Ähnliche Überlegungen lassen sich bei Hufeland und Soden finden. Hierauf wird unter B. 6, S. 126-128 näher eingegangen.

[4] Storch v., H., 1819, a.a.O., Bd. 2, S. 341.

[5] Vgl. Storch v., H., 1819, a.a.O., Bd. 1, S. 50.

werden: *Gesundheit*, den thierischen Anlagen entsprechend, *Geschicklichkeit*, den Kunstanlagen, *Wissen* ... , dem Erkenntnisvermögen, *Schöngefühl* ... , den ästhetischen Anlagen, *Sittlichkeit*, den moralischen, und *Glaube* ... den religiösen Anlagen entsprechend.

Die *Hülfsgüter* sind eine nothwendige Vorbedingung zur Erhaltung und Ausbildung unserer Anlagen, so daß ohne diese das Daseyn der Hauptgüter unmöglich wäre. Sie begreifen 2 Gattungen: *Sicherheit*, ohne die es weder Reichthum noch Bildung gibt, und *Muße*, ohne die beide nicht genossen werden können."[6]

Dabei faßt Storch unter dem "Hilfsgut Sicherheit" die "innere und äußere Sicherheit" zusammen. Unterscheidungsmerkmal der beiden Güterarten ist, daß der Verzehr von "Hilfsgütern" wesentlich schneller geschieht als derjenige von "Hauptgütern".

Eine zweite Klassifizierung der "inneren Güter" trifft Storch, indem er sie in physische, wie Gesundheit und Stärke, geistige, wie Vernunft und Wissenschaft, und moralische Güter, wie Gesinnung und Freiheit, unterteilt.[7]

"Alle *genannten* inneren Güter zusammen machen die *gesellige Bildung* aus."[8]

Diesen "unkörperlichen" stehen nach Storch die "körperlichen Güter", also die Dinge "außer uns",[9] auch als "äußere Güter" bezeichnet, gegenüber. Während diese Güter optisch, akustisch oder haptisch wahrnehmbar sind, können unkörperliche Produkte nur durch den Geist erkannt werden. Zwar läßt sich der kranke Mensch anhand seines Äußeren vom Gesunden, wie ein Tisch vom anderen, unterscheiden, das "innere Gut" Gesundheit läßt sich mit dem optischem Wahrnehmungssinn allerdings nicht erkennen.[10]

Ein weiteres wichtiges Unterscheidungsmerkmal der beiden Güterarten ist darin zu sehen, daß "inneren Gütern" im Gegensatz zu "äußeren Gütern" kein Tauschwert oder Preis zugeordnet werden kann,.

"...innere Güter, weil man sie nicht übertragen kann, haben nur einen *Gebrauchswerth*; nicht sie selbst können gekauft und verkauft werden, sondern lediglich die Arbeit, welche sie hervorbringt... weil sie unabtrennbare Eigenschaften unseres Wesens sind."[11]

---

[6] Storch v. H., 1819, a.a.O., Bd. 2, Bd. 2, S. 342.

[7] Vgl. Storch v., H., 1819, a.a.O., Bd. 1, S. 51.

[8] Storch v., H., 1819, a.a.O., Bd. 2, S. 343.

[9] Storch v. H., 1819, a.a.O., Bd. 1, S. 50.

[10] Vgl. Storch v., H., 1819, a.a.O., Bd. 2, S. 344.

[11] Storch v., H., 1819, a.a.O., Bd. 2, S. 344f..

Somit haben die "inneren Güter" nur einen mittelbaren Wert. Gemeinsam ist beiden Güterarten, daß sie

> "1. *werthvolle Dinge* ... sind, d.h. daß wir in ihnen eine Nützlichkeit im Verhältniß zu unseren Bedürfnissen entdecken; 2., daß man sie sich *zueignen* kann; 3., daß sie aus den *nämlichen Quellen*, Natur und Arbeit, entstehen."[12]

Sollen jedoch "innere Güter" erstellt werden, muß ein Volk zunächst eine hierzu geeignete Entwicklungsstufe[13] erreicht haben. Auf einer solchen Stufe ist die Versorgung mit den grundlegenden "äußeren Gütern" wie Nahrung, Kleidung u. ä. bereits gewährleistet. Erst dann ist es möglich, Kapazitäten zur Produktion von "inneren Gütern" bereitzustellen. So bedarf es z. B. zur Unterrichtung neben Büchern und Schreibmaterialien auch geeigneter Räumlichkeiten. Dieses Produktionskapital muß zuvor durch "körperliche Arbeit" hervorgebracht werden.[14]

Erstellt werden "innere Güter" durch "unkörperliche Arbeit", die, wenn sie getauscht wird, "Dienst" heißt.

> "Der Austausch der Dienste wird ein mächtiger Beweggrund, innere Güter hervorzubringen."[15]

Begrifflich teilt Storch die "gesellige Bildung" in eine "absolute" und eine "verglichene Bildung". Eine "absolute gesellige Bildung" existiert, sofern ein Volk überhaupt "innere Güter" schafft, also i.d.R. stets. "Verglichene Bildung" gibt es dahingegen nur in einem Volk, das alle "inneren Güter" bereitstellt, zu deren Produktion es fähig ist

> "und die ihm seine inneren und äußeren Verhältnisse zum Bedürfnis machen."[16]

Ausgehend von dieser Unterscheidung teilt Storch die Völker[17] in drei Kategorien:

---

[12] Storch v., H., 1819, a.a.O., Bd. 2, S. 344.

[13] Vgl. hierzu die Ausführungen zur Stufentheorie in A. 3.4, S. 40-45.

[14] Es sei daran erinnert, daß Storch zwischen der "körperlichen", die "äußere Güter" produziert und der "unkörperlichen Arbeit", die zur Produktion "innerer Güter" genutzt wird, unterscheidet. Vgl. Kapitel A. 3.2, S. 15.

[15] Storch v., H., 1819, a.a.O., Bd. 2, S. 349.

[16] Storch v., H., 1819, a.a.O., Bd. 2, S. 389.

[17] Siehe hierzu die Ausführungen unter A. 3.4, S. 21ff..

"1. *Ungebildete*..., deren unkörperlicher Erwerbstamm nicht zureicht, alle Zweige der unkörperlichen Arbeit, die sie zu üben im Stande sind, zu beleben und zu unterhalten. Sie sind daher zugleich *borgend*.

2. *gebildete*...; sie haben solchen Überfluß an inneren Gütern, daß ein Theil der Erwerbstämme, die im inneren keine vortheilhafte Anwendung mehr finden, z. B. unterrichtete Leute, Bücher, Gedanken, nützliche Anstalten, sich auswärts verbreitet. Ein solches Volk ist also *darleihend*.

3. *unabhängige*, in der Mitte jener beiden, die zwar ehemals geborgt haben, nun solcher Hülfe nicht mehr bedürfen, und doch nicht weit genug sind, sie anderen Ländern zu leisten."[18]

In diesem Zitat wird die Bedeutung der "inneren Güter" für eine stufentheoretische Einteilung der Völker angesprochen. Daneben weist Storch hier auf die Bedeutung dieser Güterkategorie als Handelsgut im Außenhandel hin.

Zur Verbreitung der "inneren Güter" fällt dem Außenhandel nach Storch eine besonders wichtige Rolle zu, die er wie folgt beschreibt:

"Der *Handel*, jenes friedliche Band, welches die Völker vereiniget, erstreckt seine wohlthätigen Folgen über die ganze Erde. Das unermeßliche Meer, Gebirge und Wüsten überschreitend, zerstört er die Scheidewände, und aus einem bloßen Triebrade des Tausches wird er eines der mächtigsten Verbreitemittel der Bildung. Indem er von einer Erdhälfte zur anderen die Erzeugnisse des Gewerbefleißes jedes Landes bringt, lehrt er nicht bloß neue Bedürfnisse kennen, sondern zeigt auch die Mittel ihrer Befriedigung, und veranlaßt die Völker, Begriffe, Erfindungen, Einsichten auszutauschen. Man beurtheile hieraus die Wirkung, welche ein vereinzeltes Volk in seiner Bildung empfinden muß, wenn ein glücklicher Zufall ihm plötzlich Handelsverbindungen mit der ganzen Welt verschafft...."[19]

"...Die bisher betrachteten Verbindungen zwischen den Völkern sind in der Geschichte der Entwicklung des Menschengeschlechtes von solcher Wichtigkeit, daß man nur zwei oder drei große Völker anführen kann, deren Ausbildung ausgezeichnete Fortschritte gemacht hat, ohne von jenen Verbindungen begünstigt worden zu seyn, und zudem sind wir über die Geschichte der alten Ägypter, der Chinesen und Mexikaner nicht genug unterrichtet, um bestimmt sagen zu können, daß sie dem Verkehre mit dem Auslande nichts verdanken."[20,21]

---

18 Storch v., H., 1819, a.a.O., Bd. 2, S. 389 f..

19 Storch v., H., Bd. 2, a.a.O., S. 494f..

20 Storch v., H., Bd. 2, a.a.O., S. 495f..

21 Neben dem Außenhandel nennt Storch weitere externe Faktoren, die nach seiner Auffassung das Entstehen und die Verbreitung der "geselligen Bildung" beeinflussen. Dies ist zum einen die Natur, mit den Faktoren Klima und Boden. Zum anderen sind

1.2 Die Wissensteilung

Bei der Darstellung der begrifflichen Grundlagen, sollen Storchs Ausführungen zur Wissenteilung besonders hervorgehoben werden. Auf höheren Entwicklungsstufen kommt es zwischen den "Diensten" zur Arbeitsteilung, die Storch als äußerst positiv beurteilt, da hierdurch z. B. die Wissenschaft gefördert wird und somit neue Erkenntnisse erwachsen können.

> "Wenn z. B. in einem Land das Wissen noch nicht soweit verbreitet ist, um eine Theilung zu gestatten, so widmen sich die dortigen Gelehrten vom Fach allen Zweigen der Gelehrsamkeit, oder doch wenigstens einer besonderen ganzen Wissenschaft, nicht bloß einem ihrer Zweige....Die Sonderung der einzelnen Beschäftigten, welche innere Güter hervorzubringen bestimmt sind, nimmt in gleichem Maße zu, als der unkörperliche Erwerbstamm anwächst; dieser wird dagegen durch die Theilung wiederum vergrößert und bietet neue Mittel zur weiteren Theilung dar. Zwischen beiden findet daher eine beständige Wechselwirkung statt."[22]

Vertreter der "technology - push" Hypothese argumentieren heute ähnlich. Neue wissenschaftliche Erkenntnisse oder Erfindungen treten nicht aufgrund eines gesellschaftlichen oder ökonomischen Bedarfs auf, sondern entstehen, wenn das verbreitete und tradierte Wissen einen spezifischen Stand erreicht hat.[23]

> "Die Theilung der unkörperlichen Arbeit wird durch den Begehr von Diensten beschränkt, wie die Theilung der körperlichen durch den Absatz."[24]

Mit diesen Aussagen ist Storch vermutlich der erste Ökonom, welcher neben der Arbeitsteilung auch die Wissensteilung aufgreift, die von den englichen Klassikern ausgeklammert wurden. Stärkere Beachtung fand diese Fragestellung erst wieder bei Hayek.[25] Dieser Autor wandte sich dem Thema der

---

es die Beziehungen der Völker untereinander. Neben dem Außenhandel nennt Storch hier Wanderungen von Völkern, Niederlassungen und kriegerische Auseinandersetzungen. Vgl. Storch v., H., 1819, a.a.O., Bd. 2, Einfluß der äußeren Verhältnisse eines Volkes auf die Fortschritte seiner Wohlfahrt, S. 486-496.

22 Storch v., H., 1819, a.a.O., Bd. 2, S. 387.

23 Vgl. Kamien, M., I., Schwartz, N., L., Market structure and Innovation, Cambridge, 1982, S. 33 f.. Merton, R., K., The sociology of science, Chicago, 1973.

24 Storch v., H., 1819,a.a.O., Bd. 2, S. 352.

25 Für den Hinweis auf Hayek in diesem Zusammenhang danke ich Herrn Prof. Dr. Ernst Helmstädter sehr herzlich.

Wissensteilung[26] in zwei Artikeln [27] unter dem vergleichbaren "fundamentalen Gesichtspunkt der Arbeitsteilung, wie ihn Adam Smith formuliert hat, nur eben auf Wissensteilung orientiert"[28] zu.

Auf die Frage, ob "körperliche Arbeit" der "unkörperlichen" vorzuziehen sei, gibt Storch keine Antwort, da

> "das Erzeugniß der einen berechenbar, das der anderen aber nicht zu messen ist."[29]...
>
> "Die jährliche unkörperliche Arbeit in einem Volke liefert ihm einen gewissen Vorrath von Gesundheit, von Wissen, Schöngefühl, Sittlichkeit und frommen Gefühlen, welcher die nächsten Jahre erhalten und vermehrt werden kann. Er ist der *unkörperliche Gütervorrath...*, dem aus Vermögenstheilen bestehenden entsprechend. Er zerfällt gleichfalls in 2 Theile, den *unkörperlichen Verbrauchsvorrath* und den *unkörperlichen Erwerbstamm (Capital).*
>
> *Der Verbrauchsvorrath* besteht sowohl aus Haupt- als aus Hülfsgütern. Jedes innere Gut tritt in ihn ein, sobald es nicht auf die Erzeugung eines ähnlichen Gutes angewendet, folglich für die gesellige Bildung unfruchtbar wird. Dieß gilt auch von denjenigen inneren Gütern, welche von den Gewerbsarbeitern besessen und zum Vermögenserwerbe angewendet werden.
>
> *Der unkörperliche Erwerbstamm* kann nur aus *Hauptgütern* bestehen, weil die Hülfsgüter zu schnell verzehrt werden, um zu einer Ansammlung geeignet zu seyn. Dieser Erwerbstamm ist eben so unerläßlich zur unkörperlichen Gütererzeugung, als der körperliche zum Vermögenserwerbe. Gesundheit, Geschicklichkeit, Kenntnisse etc. bedingen jene ebenso, wie Lebensmittel, Stoffe und Geräthe den letzteren."[30]

---

26 Den Begriff der Wissensteilung bezüglich der Aussagen von Hayek führte Machlup ein. Vgl. Machlup, F., Würdigung der Werke von Friederich A. von Hayek, Tübingen, 1977, S. 41f..

27 Vgl. Hayek v., F. A., Economic and Knowledge, in: Economica, 1937, S. 33-45. Wiederabgedruckt in: Hayek v., F. A., Individualism and Economic Order, Chicago, 1948, S. 33-56. In deutscher Übersetzung veröffentlicht in: Hayek, F. A., Individualismus und Wirtschaftliche Ordnung, S. 49-77, Wirtschaftstheorie und Wissen, Erlenbach-Zürich, 1952. Sowie Hayek v., F. A., The Use of Knowledge in Society, in: The American Economic Review, 1945, S. 519-530. Wiederabgedruckt in: Hayek v., F. A., Individualism and Economic Order, Chicago, 1948, S. 77-91. In deutscher Übersetzung veröffentlicht in: Hayek, F. A., Individualismus und Wirtschaftliche Ordnung, S. 103-121, Die Verwertung des Wissens in der Gesellschaft, Erlenbach-Zürich, 1952.

28 Helmstädter, E., Internationale Ungleichgewichte - gestörte Anpassungsprozesse Herausforderung für die Wirtschaftspolitik, in: Kommentare zur Wirtschaftspoltik, Nr. 1/89 Hrsg.: Helmstädter, E., Institut für Industriewirtschaftliche Forschung, Münster, 1989.

29 Storch v., H., 1819, a.a.O., Bd. 2, S. 352.

30 Storch v., H., 1819, a.a.O., Bd. 2, S. 386 f..

Der "unkörperliche Erwerbstamm", als Vorraussetzung für die Arbeitsteilung der "Dienste", entsteht durch Sparsamkeit. Hieraus zieht Storch den Schluß, daß "innere Güter" nur dort gebraucht werden sollten, wo neue produziert werden,

> "damit ihre Ausdehnung und Vervielfältigung den Verlust überwiegt, welchen der Tod des Besitzers herbeiführt."[31]

Dies ist besonders dann erforderlich, wenn die "gesellige Bildung" im Zeitablauf anwachsen soll. Vorstellbar ist dies am ehesten als Weitergabe von gewonnenem Wissen und Fähigkeiten durch einen Lehrer.

Es soll noch einmal betont werden, daß Heinrich v. Storch sich schon frühzeitig dem Problem der Wissensteilung zuwandte und grundsätzliche Gedanken äußerte, die sich ein Jahrhundert später im Werk von Friederich A. v. Hayek wiederfinden.

---

31 Storch v., H., 1819, a.a.O., Bd. 2, S. 387 f..

2 "Innere Güter" und "Dienste"

In diesem Abschnitt soll nach einer Beschreibung der Tätigkeiten, die Storch unter dem Begriff "Dienste" subsumiert, zunächst auf die Diskussion von "produktiver" und "unproduktiver Arbeit" eingegangen werden. Dies erscheint notwendig, da Storchs Ausführungen zu diesem Thema von den Aussagen anderer Klassiker stark differieren und da Verbindungen zwischen den Begriffspaaren "produktive/unproduktive Arbeit" und "innere/äußere Güter" existieren. Anschließend wird das von Storch beschriebene Be- und Entlohnungssystem für "Dienstleistende" näher untersucht. Hierbei erweist sich der Rückgriff auf Teile der modernen Volkswirtschaftstheorie als sinnvoll.

2.1 Beschreibung der "Dienste"

"Dienste" sind jene Tätigkeiten, die zur Erstellung "innerer Güter" in Anspruch genommen werden. Davon zu unterscheiden sind die "Gewerbsarbeiten", die "äußere Güter" produzieren. Um deutlich zu zeigen, an welche Art von Beschäftigung Storch denkt, die für "Dienste" charakteristisch sind, soll die Übersicht der "Dienste" aus dem "Handbuch der Nationalwirthschaftslehre" hier wiedergegeben werden.

"Dienste" sind demzufolge:

> "I. Solche Dienste, welche zur Hervorbringung von Hauptgütern bestimmt sind.
>
> 1. Gesundheit.
>
> Arbeit der Mütter, Ammen, Kinderfrauen, der Erzieher und aller, welche sich mit der Erhaltung der natürlichen Anlagen der Kinder beschäftigen.
>
> Arbeit der Ärzte, Wund- und Entbindeärzte, der Hebammen; der Aufseher und Wärter in Kranken- und Siechehäusern, Quarantainen, in Taubstummen-, Blindenanstalten etc.
>
> 2. Geschicklichkeit.
>
> Arbeit des Sprechen-, Lesen- und Schreibenlehrens.
>
> Lehrer im Fechten, Tanzen, Reiten, Schwimmen, Schwingen, überhaupt in der Turnkunst.
>
> Arbeit derer, welche Handdienste durch Ausübung lehren, wie das Geschäft des Bartscheerers,

Baders, Kopfputzers....die Kriegsübungen - die wundärztlichen Verrichtungen....

Arbeit der Meister, welche Handwerk und Künste lehren.

Arbeit der Tänzer, Seiltänzer, Luftspringer, überhaupt alle, die durch das Schauspiel großer Geschicklichkeit eine Vorstellung von der Vollkommenheit geben, deren die menschlichen Kunstanlagen fähig sind, und das Bestreben erwecken, dieselben auszubilden.

Arbeit der Schriftsteller, welche in ihren Schriften Werkgeschäfte aller Art lehren.

3. Wissen.

Lehrer und Meister, welche mündlich die auf unsere vernünftigen Anlagen sich beziehenden Kenntnisse verbreiten.

Schriftsteller über diesen Gegenstand.

4. Schöngefühl.

Künstler (Dichter, Redner, Tonkünstler, Schauspieler, Maler, Bildhauer, Kupferstecher, Baukünstler...), die durch ihre Schöpfungen oder durch die Ausübung der schönen Künste dieß Gefühl in Anderen erwecken, nähren, bilden.

Schriftsteller, die in Werken eben dahin wirken.

5. Sittlichkeit.

Arbeit der Sittenlehrer, der Tugendhaften und aller derjenigen, welche durch Rede, Schrift oder That dazu beitragen, daß die moralischen Anlagen geweckt, genährt, gebildet, die öffentlichen und Privatpflichten lieb gewonnen werden.

6. Glaube.

Arbeit der Geistlichen, der Frommen und Aller, welche auf denselben Wegen zur Erweckung, Nährung und Läuterung der religiösen Anlagen, zur Verwahrung derselben gegen Aberglauben, und zu ihrer gemeinnützigen Leitung beitragen.

II. Dienste, welche zur Hervorbringung von Hülfsgütern bestimmt sind.

1. Sicherheit.

Arbeit des Staatsoberhauptes und aller seiner bürgerlichen und Kriegsbeamten.

2. Muße.

Arbeit der unteren Bedienten der Regierung, welche den anderen Zeit und Zerstreuung ersparen; z. B. Pfeifer und Trommler im Heere; Schreiber, Gerichtsdiener, Gefangenenwärter bei Gerichten; Postknechte und Postboten....

Arbeit der Hausfrauen, die ihrer Hauswirthschaft vorstehen.

Arbeit der bei Einzelnen Bediensteten (employes prives), z. B. Verwalter, Wirthschafterinnen, Geheimschreiber und Rechnungsführer.

Arbeit der Hausbedienten, Hausmeister, Köche, Kammerdiener und -Frauen, Mägde, Lakaien (Nachtreter), Laufer, Thürsteher, Stubenputzer, Heitzer, Kutscher, Reitknechte,....

Arbeit der allgemeinen Bedienten, Haarputzer, Bartscheerer, Bader, Aufwärter, Lohnkutscher, Lastträger, Stiefelwichser, Gassenkehrer...

Alle diese Arbeiten sind werbend an inneren Gütern. Einen Lakaien, der Prunkes willen gehalten wird, für nicht hervorbringend ansehen, während man Gewerbsarbeiter dafür erklärte, die auch nur zum Prunke arbeiten, z. B. Juweliere, Goldschmiede, Putz-, Spitzenmacher etc., wäre sehr ungereimt. Ein Schauspiel wiegt vollkommen ein Feuerwerk auf, und ein Concert hören ist kein geringeres Vergnügen, als ein Sammtkleid tragen und Zuckerwaaren essen.

Mehrere unter den genannten Diensten sind zugleich Gewerbsarbeiten, z. B. die des Schriftstellers, Tonsetzers, der bildenen Künstler etc.. Es sind die Gränzglieder, wo beide Gattungen sich berühren."[1]

Im letzten Teil des Zitates wird bereits die Problematik von produktiver und unproduktiver Arbeit angesprochen, die nun genauer betrachtet werden soll.

---

[1] Storch v., H., 1819, a.a.O., Bd. 2, S. 353-356.

2.2 "Dienste" und die "unproduktive Arbeit"

2.2.1 Der Begriff "unproduktive Arbeit" in der Dogmengeschichte

Zur Verwendung des Beiwortes "unproduktiv" wurde Adam Smith vermutlich durch die Physiokraten angeregt, die in ihrer Klasseneinteilung neben der "classe propriétaire" auch die "classe stérile" und die "classe productive" kannten.[1,2] Diese Bezeichnung ist verwirrend, denn aufgrund ihres Beitrages zum volkswirtschaftlichen Überschuß sind die "classe proprietaire" und die "classe sterile" nicht als unproduktiv anzusehen.[3,4] Im folgenden wird die Annahme dieser Smithschen Begriffspaare in der dogmenhistorischen Literatur kurz geschildert.

Adam Smith erwähnt den Aspekt der "unproduktiven Arbeit" bereits in der Einführung des "Wealth of Nations".[5] Nach Schumpeter spricht die dortige Beschreibung den Aspekt der Verwendung des privaten Haushaltseinkommens an. Schumpeter glaubt, daß Smith die Frage aufwirft, wieviele Personen sich ein Einkommen, welches in einem privatwirtschaftlichen System erzeugt wurde, teilen müssen, d. h., ob ein "Verdiener" das Einkommen direkt für sich verwenden kann oder ob er z. B. Kinder und Alte unterhalten muß.[6]

---

1 Vgl. Quesnay, F., Allgemeine Grundsätze der wirtschaftlichen Regierung eines ackerbautreibenden Reiches, vom französischen Original von V. Dorn übersetzt, in: Sammlung sozialwissenschaftlicher Meister, Physiokratische Schriften II, Hrsg.: Waentig, H., Jena, 1921, S. 23 ff..

2 Turgot unterteilt die Gesellschaft in zwei Klassen, nämlich in eine produktive, vertreten durch die Landwirtschaft, und eine besoldete, den Gewerbsleuten. Vgl. Turgot, A. R. J., a.a.O., S. 44.

3 Vgl. Schumann, J., Das Volkseinkommen als volkswirtschaftlicher Überschuß, in WiSu, Nr. 7, 1981, S. 339-343 und S. 389-394 (im folgenden als Schumann, J., 1981 zitiert), hier insbesondere S.341ff..

4 Auf eine intensive Disskussion der Begriffe "produktive" und "unproduktive Klasse" in der physiokratischen Schule wird hier verzichtet. Dennoch sei erwähnt, daß zum einen die reale wirtschaftliche Situation der Handwerker, die im damaligen Frankreich häufig gerade ihren Lebensunterhalt verdienen konnten, zu dieser Klassenbezeichnung geführt haben mag. Zum anderen könnte die "ordre naturel", also die natürliche, Ordnung diese Einteilung durch die Physikraten begünstigt haben. Zur Diskussion des "odre naturel" sei hingewiesen auf: Sombart, W., Die drei Nationalökonomien, 2. Aufl., Berlin, 1967, S. 39ff..

5 Vgl. Smith, A., a.a.O., S. 3 ff.

6 Vgl. Schumpeter, J. A., 1965, a.a.O., S. 768 f.

Zwar betont Adam Smith das mengenmäßige Verhältnis zwischen denjenigen, die "produktiv" und "unproduktiv" arbeiten[7] und weist darauf hin, daß ein Volk umso besser mit allen Gütern versorgt ist, je

> "...weniger Menschen sich .. den Ertrag der Arbeit oder .. das, was sie im Austausch dafür erhalten, teilen müssen"[8];

dennoch erscheint die Interpretation Schumpeters in diesem Zusammenhang wenig fruchtbar, wenn wir berücksichtigen, daß Smith neben den "produktiven" und "unproduktiven Arbeitern" in seinem Werk auch noch jene erwähnt,

> "die überhaupt nicht arbeiten."[9]

Natürlich ist die Schumpetersche Interpretation prinzipiell sinnvoll, aber sie wird in der Diskussion von "produktiver" und "unproduktiver Arbeit" von Adam Smith nicht angesprochen.

Blaug zufolge lassen sich bei Smith zwei Definitionen von "produktiver" und somit auch "unproduktiver Arbeit" finden.[10] Der ersten Definition gibt Blaug den Namen "Wert-Version", bei der es zu einem Wertzuwachs des Produktes durch die Arbeit kommt, die somit "produktiv" ist. Bei Adam Smith heißt es:

> "Es gibt eine Art Arbeit, die den Wert eines Gegenstandes, auf den sie verwandt wird, erhöht, und es gibt eine andere, die diese Wirkung nicht hat. Jene kann als produktiv bezeichnet werden, da sie einen Wert hervorbringt, diese hingegen als unproduktiv."[11]

"Produktive Arbeit" speichert sich bei Smith in einem Produkt. Mit dessen Hilfe,

> "oder was das gleiche ist, seines Wertes oder Preises, können späterhin, falls nötig, ebenso viele Arbeiter beschäftigt werden, wie es ursprünglich erzeugt haben."[12]

---

[7] Vgl. Smith, A., a.a.O., S. 4.

[8] Smith, A., a.a.O., S. 3.

[9] Smith, A. a.a.O., S. 273.

[10] Vgl. Blaug, M., 1971, a.a.O., S. 117.

[11] Smith, A., a.a.O., S. 272.

[12] Smith, A., a.a.O., S. 272.

Die zweite Unterscheidung zwischen "produktiver" und "unproduktiver Arbeit" bei Smith nennt Blaug die "Speicher-Version".[13] So drückt sich nach Smith die "unproduktive Arbeit", auch einiger angesehenen Berufsstände,[14]

> "nicht in einem dauerhaften Gegenstand oder verkäuflichen Gut aus, das auch nach abgeschlossener Arbeit fortbesteht und für das man später wieder die gleiche Leistung erstehen könnte."[15]

Unter diesen Aspekten behandelt auch Say die "unproduktive Arbeit" im dreizehnten Kapitel des ersten Buches seiner "Darstellung der Nationalökonomie".[16] "Unproduktive Arbeit" produziert "immaterielle Producte", die Say ursprünglich als "undauerhafte Producte", bezeichnen wollte.[17] Hierbei handelt es sich um Werte, die sofort nach der bzw. synchron zur Produktion vollständig konsumiert werden[18] und Say zufolge keinen Beitrag zum Reichtum eines Volkes leisten,[19] wohl aber zur Befriedigung menschlicher Bedürfnisse beitragen.[20] Entsprechend heißt das hier angesprochene Kapitel "Von den immateriellen Producten oder deren Werthen die im Augenblick der Production consumirt werden".[21] Als ein typisches Beispiel für ein solches "immaterielles Product" führt Say den Rat eines Arztes während eines Krankenbesuches an.

Außer bei Adam Smith finden sich auch bei anderen Vertretern der englichen Klassik Ausführungen über die "unproduktive Arbeit". Malthus benutzt diesen Begriff insbesondere, um einen wirksamen Nachfragemangel herzuleiten. Wesentlich ausgiebiger behandelt John Stuart Mill die Fragestellung, wodurch

---

13 Vgl. Blaug, M., 1971, a.a.O., Bd. 1, S. 117.

14 Smith nennt hier z.B. Dienstboten, Herrscher, Justizbeamte und Offiziere. Vgl. Smith, A., a.a.O., S.273.

15 Smith, A., a.a.O., S. 273.

16 Vgl. Say, J. B., 1818, a.a.O., Bd. 1, S. 214-232.

17 Vgl. Say, J. B., 1818, a.a.O., Bd. 1, S. 215.

18 Der Unterricht eines Gelehrten gilt somit als unproduktiv, schreibt er seine Gedanken demgegenüber in einem Buch nieder, so gilt diese Tätigkeit als produktiv.

19 Einen Beitrag zum Reichtum leisten diese Produkte nicht, da sie nach Say keinen aufbewahrungsfähigen Tauschwert besitzen. Vgl. Say, J. B., 1818, a.a.O., Bd. 1, S. 216.

20 Aus diesem Grunde fordert Say auch kein Zurückdrängen der unproduktiven Arbeit.

21 Say, J. B., 1818, a.a.O., Bd. 1, S. 214.

"produktive" und "unproduktive Arbeit" gekennzeichnet sind. Er widmet dem Thema der "unproduktiven Arbeit" ein eigenes Kapitel.[22]

> "Arbeit ist zur Produktion unentbehrlich, hat aber nicht immer Produktion zur Folge. Es giebt manche Arbeit und zwar von einem hohen Grade von Nützlichkeit, bei der es auf Produkte nicht abgesehen ist."[23]

Auch Mill bezeichnet demnach solche Arbeit als "produktiv", die sich in einem Produkt niederschlägt. Aber auch jene Arbeit,

> "welche gewöhnlich als geistige klassifiziert wird, aber zum schließlichen Produkt ebenso direkt, wenn auch nicht ganz so unmittelbar wie die Handarbeit selbst beiträgt",[24]

belegt er mit dem Adjektiv "produktiv". Denn nach Mill ist diejenige Arbeit "produktiv", die "Reichtum schafft", bzw. in heutiger Terminologie, die Sach- und Bildungskapital hervorbringt.[25]

Bekannt geworden ist das Begriffspaar der "produktiven und unproduktiven Arbeit" besonders durch Karl Marx, der glaubte, sich bei seinen diesbezüglichen Überlegungen auf Adam Smith berufen zu können. "Produktive Arbeit" bringt aus marxistischer Sicht einen Mehrwert hervor und läßt sich unmittelbar mit Kapital austauschen, d. h., sie existiert nur unter kapitalistischen Produktionsbedingungen, während die "unproduktive Arbeit" sich gegen Revenue[26], d. h. gegen abgeleitetes Einkommen aus kapitalistischer Produktion austauscht.[27]

"Ein Schauspieler z. B., selbst ein Clown, ist hiernach ein produktiver Arbeiter, wenn er im Dienst eines Kapitalisten arbeitet, dem er mehr Arbeit zurückgibt, als er in der Form des Salairs von ihm erhält, während ein Flickschneider, der zu dem Kapitalisten ins Haus kommt und ihm seine Hosen flickt, ihm einen bloßen Gebrauchswert schafft, ein unproduktiver Arbeiter ist."[28]

---

[22] Vgl. Mill, J. S., a.a.O., Kapitel 3, S. 35-42.

[23] Mill, J. S., a.a.O., S. 35.

[24] Mill, J. S., a.a.O., S. 33.

[25] Vgl. Blaug, M., 1971, a.a.O., Bd. 2, S. 75.

[26] Der Begriff Revenue umfaßt die Größen Salair, Profit, Zins und Rente.

[27] Vgl. Marx, Karl, Theorien über den Mehrwert, (im folgenden zitiert als Marx, K. 1968), Erster Teil, Frankfurt a.M., 1968, S. 127.

[28] Marx, K., 1968, a.a.O., S. 127.

2.2.2 Storchs Diskussion der "unproduktiven Arbeit"

Storch benutzt zwar den Ausdruck der "unproduktiven Arbeit" in seinem "Handbuch der Nationalwirthschaftslehre" nicht, nimmt aber bei der Darstellung der "inneren Güter" eine kontroverse Position zu den Aussagen von Adam Smith und dessen "Speicher-Version" sowie zu Say ein.

> "*Smith* hält die nicht unmittelbar Vermögen hervorbringenden Arbeiten für *unfruchtbar*. Sie sind es wirklich in Beziehung auf das Vermögen; nur darin fehlt er, daß er nicht auf die inneren Güter Rücksicht nahm. Seine Tadler verwechseln beide Arten von Gütern nur noch mehr; sie betrachten die unkörperliche Arbeit für hervorbringend, aber in Ansehung des Vermögens, und glauben, die Hervorbringnisse derselben stehen unter den nämlichen Gesetzen, wie die der körperlichen Arbeit. *Garnier*, der hierin zuerst der Smithschen Lehre widersprach, folgert aus dieser Verwechselung beider Arten, es sey dem Volksvermögen eben so vortheilhaft, die einen als die anderen zu vermehren; eine Behauptung, die aller Erfahrung offenbar entgegen ist. *Say*, um diese Folgerung zu vermeiden, giebt zu, daß die unkörperlichen Hervorbringnisse das Volksvermögen nicht vermehren, und versucht den Widerspruch durch die Annahme zu heben, sie hätten keine Dauer, würden so schnell verzehrt als erzeugt."[29]

In den "Betrachtungen über die Natur des Nationaleinkommens" kritisiert Storch ausdrücklich Adam Smith und führt aus, was er unter "hervorbringender Arbeit" versteht. Sobald die Arbeit individuell oder gesamtwirtschaftlich betrachtet zur Befriedigung der Bedürfnisse beiträgt, kann sie "hervorbringend" sein.

> "Das wesentliche Merkmal einer solchen Arbeit ist, *daß sie das wiederhervorbringen muß, was sie nothwendiger Weise verbraucht*. Bringt sie mehr hervor, desto besser; aber diese Bedingung ist nicht wesentlich. Bringt sie weniger hervor, so wird sie unfruchtbar; denn in diesem Falle kann sie nur mit Verlust fortgesetzt werden."[30]

Zudem setzt Storch voraus, daß die Nachfrage nach den erstellten Produkten freiwillig ist und unter den Güteranbietern Konkurrenz herrscht. Problematisch wird letztere Forderung bei der Beurteilung der Staatstätigkeit,

> "da eine Regierung als Unternehmer betrachtet keine Mitbewerber haben kann."[31]

---

[29] Storch v., H., 1819, a.a.O., Bd. 2, S. 338f..

[30] Storch v., H., 1825, a.a.O., S. 31f..

[31] Storch v., H., 1825, a.a.O., S. 34.

Ferner ist die Arbeit der Beamten nur dann als "hervorbringend" anzusehen, wenn

> "ihr Werth der Regierung durch freiwillige Abgaben wiedererstattet wird",[32]

bzw. die Zahlungsbereitschaft der Staatsbürger zur Finanzierung ausreichend hoch ist.

"Unfruchtbar" ist laut Storch jene Arbeit,

> "die zur Erreichung des beabsichtigten Endzweckes unnöthig ist."[33]

Diese Definition ist unter Effizienzgesichtigspunkten einsichtig, kritisch zu hinterfragen ist dahingegen die Bezeichnung "nicht hervorbringend" für eine Arbeit, die

> "auf Kosten anderer, nothwendigerer Arbeiten besteht."[34]

Daß Storch z. B. die Arbeit eines Schnapsbrenners, während im Land eine Hungersnot herrscht, als "unfruchtbar" bezeichnet, erscheint einleuchtend. Zu problematisieren wäre dennoch, wie eine allgemeingültige Güterordnung gefunden werden soll, mit deren Hilfe einzelne Arbeiten als "nicht hervorbringend" eingestuft werden können.

Seine Überlegungen faßt Storch in der abschließenden Definition zusammen:

> "...wir nennen jene Arbeit hervorbringend, *die freiwillig gesucht, und so bezahlt wird, daß sie fortgesetzt werden kann, angenommen, daß sie dem Ganzen nicht nachtheilig ist.*"[35]

Weiterhin versucht Storch nachzuweisen, daß die Erzeugnisse der "Dienste" den "körperlichen Produkten" äquivalent sind. Im "Handbuch der Nationalwirthschaftslehre" zeigt er implizit, daß auch "innere Güter" die Eigenschaften eines "äußeren Produktes", wie Dauer, Anhäufbarkeit und Wiederverkäuflichkeit besitzen, wenn auch letzteres nur indirekt gilt. Explizit geht er auf diese Gütereigenschaften in seinen "Betrachtungen über die Natur des Nationaleinkommens" ein.[36]

---

32 Storch v., H., 1825, a.a.O., S.34.

33 Storch v., H., 1825, a.a.O., S. 34.

34 Storch v., H., 1825, a.a.O., S. 35.

35 Storch v., H., 1825, a.a.O., S. 36f..

36 Vgl. Storch v., H., 1825, a.a.O., S. 18ff..

Storch diskutiert insbesondere das Kriterium der Dauerhaftigkeit und bezeichnet die "innneren Güter als Früchte der Dienste", die länger bestehen als der "Dienst" selbst.[37] Die Kritik an Say, der Dienstleistung und Ergebnis der Leistung verwechselte, ist hierin deutlich erkennbar. Storch behauptet dann sogar, daß die

> "Verzehrung der inneren Güter im Allgemeinen langsamer"[38]

ist als die der "äußeren".

> "Wenn von der *Dauer* eines unkörperlichen Erzeugnisses die Rede ist, so kann darunter nichts anderes verstanden werden, als der Zeitraum, den der Verbraucher verstreichen lassen kann, ohne sich die Dienste, die ihm eine solches Erzeugniß verschafft haben, abermals leisten zu lassen."[39]

Aus dieser Definition ergibt sich per se, daß "unkörperlichen Erzeugnissen" eine Dauer zugesprochen wird.

Betrachtet sei z. B. das Ergebnis der "unkörperlichen Arbeit" eines Musikers. Sobald er sein Instrument zur Seite legt, ist das Produkt seiner Arbeit nicht mehr unmittelbar wahrzunehmen. Jemand, dem bislang ein Kunsterlebnis verwehrt geblieben ist, wird demnach der Wirkung dieser künstlerischen Arbeit eines Musikers keine Dauer zusprechen, die z. B. über die Zeit eines Konzertes hinausgeht. Betrachten wir aber einen Arztbesuch, der für einen längeren Zeitraum die Wiedergenesung des Patienten gewährleisten soll, oder die Arbeit des Lehrers, dessen Unterricht dem Schüler Wissen vermittelt, das möglichst viele Jahre aufrecht erhalten bleiben sollte, oder gar die Tätigkeit eines Staatsoberhauptes, dessen Entscheidungen natürlich Wirkungen von Dauer hervorrufen, so wird deutlich, daß die "unkörperlichen" Arbeitsergebnisse von Dauer sein können.

So soll der Dienst der Armee eines Landes die äußere Sicherheit als "inneres Gut" gewährleisten; eine gewonnene Schlacht würde diesem Anspruch in der Storchschen Gedankenwelt für eine gewisse Dauer genügen. Wie die Geschichte gezeigt hat, handelt es sich hierbei aber mitunter um nur kurze Zeiträume, denn auch eine gewonnene Schlacht zog oft schnell neue Auseinandersetzungen nach sich. Dies scheint auch Storch bewußt gewesen zu sein, denn die Sicherheit zählt er zu den "Hilfsgütern", die sich dadurch von den

---

[37] Vgl. Storch v., H., 1819, a.a.O., Bd. 2, S. 346.

[38] Storch v., H., 1819, a.a.O., Bd. 2, S. 347.

[39] Storch v., H., 1825, a.a.O., S. 19.

"Hauptgütern" unterscheiden, daß ihre Verzehrung wesentlich schneller vonstatten geht.

> "Eben so wenig als man den unkörperlichen Erzeugnissen Dauer absprechen kann, ist es zu leugnen, daß sie *der Anhäufung fähig* sind; und zwar besitzen sie diese letztere Eigenschaft unabhänig von der erstern."[40]

Hierbei versteht Storch unter "Anhäufbarkeit" nicht das Ansammeln von Waren oder Geldern, sondern Güter

> "häufen sich jederzeit an, wenn sie dergestalt verbraucht werden, daß sie vermehrte Wiedererzeugung veranlassen."[41]

Wie im Abschnitt "Begriffliche Grundlagen" beschrieben, führt die "Anhäufbarkeit" der "inneren Güter" zur Bildung eines "unkörperlichen Gütervorrathes". Die Gütereigenschaft der Anhäufbarkeit in Verbindung mit dem oben beschriebenen dauerhaften Charakter trägt darüber hinaus zur Hervorbringung "äußerer Güter" bei.

Die Eigenschaften "Dauer" und "Anhäufbarkeit" können "inneren Gütern" durchaus zugesprochen werden. Schwierig ist es, den "inneren Gütern" die Eigenschaft der "direkten Wiederverkäuflichkeit" zuzuerkennen, da sie im Wesen des Menschen selbst existieren. Dieses Problem hat auch Storch erkannt. Er definiert die Wiederverkäuflichkeit der Erzeugnisse der "Dienste" in dem Sinne,

> "daß sie den Käufer in den Stand setzen, die Kosten wieder zu gewinnen, die er auf ihren Ankauf verbracht hat."[42]

So ist unbestritten, daß z. B. der Lehrende das "innere Gut" Wissen, welches er selbst zuvor erwerben mußte, gegen Entlohnung an die Lernenden weitergibt, ohne dabei selbst "Verluste am Gütervorrat" zu erleiden. Hierbei ist es unerheblich, daß ein weiterverkauftes "unkörperliches Produkt" nicht völlig identisch mit dem zuvor erworbenen ist, da dies i.d.R. auch für "körperliche Güter" gilt.

Auch wenn jedes Wirtschaftssubjekt "innere Güter" produziert, so meint Storch dennoch,

---

[40] Storch v., H., 1825, a.a.O., S. 20.

[41] Storch v., H., 1825, a.a.O., S. 21.

[42] Storch v., H., 1825, a.a.O., S. 21f..

> "daß die meisten unkörperlichen Gegenstände von dem Einen hervorgebracht und von dem Anderen verbraucht werden."[43]

Als Beispiel könnte hier das Gut Sicherheit angeführt werden. Direkt schlägt sich die Anwendung "innerer Güter" bei der Produktion neuer Waren oder "Dienste" auf den "nothwendigen" Preis nieder, da dieser die Herstellungskosten deckt. Unstreitig dürfte also sein, daß die Inanspruchnahme eines "Dienstes" wertsteigernd auf "innere und äußere Güter" wirkt.

> "Zwischen den Volkswirthen ist nicht wenig über die Frage gestritten worden, welche Arten der Arbeit als unproduktive gelten sollten".[44]

Dieses Zitat von Mill zeigt, daß die Unterscheidung der Arbeit in "produktive" und "unproduktive Arbeit" schon lange konträr diskutiert wurde. Während der späteren Auseinandersetzung hat die Bezeichnung "unproduktiv" darüberhinaus zu Fehlinterpretationen, z. B. bei der Beurteilung staatlicher Aktivitäten, geführt.

Zwar wird die Nützlichkeit der Dienstleistungen von Adam Smith und John Stuart Mill ansatzweise aufgezeigt, es ist aber Heinrich von Storch, der als erster die Bedeutung der "Dienste" für eine Volkswirtschaft einzuordnen weiß und der zeigt, daß diese keineswegs "unproduktiv" sind.[45] Die Lektüre des "Handbuches der Nationalwirthschaftslehre" hätte vielleicht auch Karl Marx von der Verwendung dieses Begriffspaares abgehalten.

---

[43] Storch v., H., 1825, a.a.O., S. 25f..

[44] Mill, J.S., a.a.O., S. 35.

[45] Hierzu sei auf die Ausführungen zum volkswirtschaftlichen Überschuß unter B. 3.2, S. 99-107.

2.3 Die Vergütung der "Dienste"

2.3.1 Die grundlegenden Bestandteile des Vergütungssystems bei Storch

Die Vergütung der "Dienste" setzt sich aus zwei Komponenten, den monetären und nicht-monetären Vergütungsformen zusammen. Storch bezeichnet beide Arten als Belohnung.

Wie die "Gewerbsarbeit" als Haupttriebfeder einen "Vermögensgewinn" bzw. Lohn hat, so ist dieser ebenfalls der wichtigste Beweggrund für das Angebot von "Diensten" auf dem Arbeitsmarkt.[1]

> "das Geld ist demnach auch für den Austausch der Dienste, also für die Hervorbringung der inneren Güter, von großer Wichtigkeit, ohne seine Hülfe würde die Gesellschaft nicht allein ohne Reichthum, sondern auch ohne Bildung seyn."[2]

Der "nothwendige" Lohn der "Dienste" ergibt sich anhand der gleichen Gesetze, wie sie für die "Gewerbsarbeit" gelten, d. h., er ergibt sich aus der Höhe des "unentbehrlichen" Unterhaltes und der Schwierig-keiten und Unannehmlichkeiten, die eine "unkörperliche Arbeit" hervorruft. Der "wirkliche" Lohn wird auch bei den "Diensten" durch das Verhältnis von Angebot und Nachfrage bestimmt.

Das Streben des Einzelnen nach Achtung, Liebe und Tugend[3] läßt weitere Vergütungen in Form von nicht-monetären Belohnungen zu. Hier sind vor allem Ehrungen durch die staatliche Obrigkeit oder andere gesellschaftliche Auszeichnungen zu nennen. Auch die Anerkennung durch Freunde und Familie wird von Storch als Belohnungsform erwähnt.

Die monetären und nicht-monetären Bestandteile der Belohnung setzen sich bei den "Diensten" in Abhängigkeit von der sozialen Stellung des "Dienstleistenden" und der Art der Dienstleistung in unterschiedlichen Verhältnissen zusammen. Eine Unterteilung der Vergütungsbestandteile in monetäre und nicht-monetäre Entlohnung ist auch heute in der Ökonomie, insbesondere

---

[1] "Dienste", die immer auch ohne direkte monetäre Belohnung zu finden sind, wie z. B. die Arbeit der Mütter und Hausfrauen, werden im folgenden nicht weiter untersucht.

[2] Storch v., H., 1819, a.a.O., Bd. 2, S. 359.

[3] Vgl. Storch v., H., 1819, a.a.O., Bd. 2, S. 372-383.

aber in der Soziologie, üblich. Als Vergütung dienen die in der heutigen Gesellschaft begehrten knappen Güter wie z. B. Einkommen, Ausbildung, Einfluß, Ansehen oder Macht, wobei nicht die Güter an sich begehrt sind, sondern ihre soziale Wertigkeit von entscheidender Bedeutung ist.

Storch weist darauf hin, daß durch die mögliche unterschiedliche Gewichtung der Bestandteile neben einem konsistenten Status, z. B. hohes Einkommen verbunden mit hohem Ansehen und viel Macht, auch Status-inkonsistenz vorliegen kann. Beispielhaft für letztere führt Storch den Beruf des Schauspielers an, dessen geringes Ansehen durch eine hohe Entlohnung kompensiert wird.[4]

> "Um unter den Belohnungen die wirksamste auszuwählen, müßte man nicht bloß die Beschaffenheit des Dienstes, sondern auch die Eigenthümlichkeit, die Denk- und Sinnesart des Einzelnen sehen."[5]

Dennoch hält Storch den Geldlohn für die einfachen Staatsdiener und jene, die hierdurch ihren Lebensunterhalt bestreiten müssen, für das am besten geeignete Vergütungsinstrument.

---

4 Vgl. Storch v., H., 1819, a.a.O., Bd. 2, S.370. Auch Adam Smith befaßte sich bereits mit diesem Zusammenhang, ohne aber so klar und eindeutig wie Storch die Problematik zu diskutieren. Vgl. Smith, A., a.a.O., S. 83-103.

5 Storch v., H., 1819, a.a.O., Bd. 2, S.383.

2.3.2 Einordnung der Storchschen Vergütung der "Dienste" in die klassische Lohntheorie

Prinzipiell lassen sich in der englischen Klassik zwei Theorien zum Arbeitseinkommen, nämlich die Existenzminimum- und die Lohnfondstheorie unterscheiden.[6] Die vorliegende Arbeit beschränkt sich auf erstere, die auch als Subsistenzlohntheorie bezeichnet wird. Der "natürliche Lohnsatz" gewährleistet gerade die Regeneration der Arbeitskraft bzw. deren Reproduktion.[7] Steigt der Marktlohn über den "natürlichen Satz", wird sich die Geburtenrate erhöhen und möglicherweise die Kindersterblichkeit sinken. Als Konsequenz der wachsenden Bevölkerung steigt das Arbeitsangebot, worauf der Marktlohnsatz wieder sinkt. Dieser niedrigere Lohnsatz führt wiederum zu einer abnehmenden Bevölkerungszahl. Somit ist es die "endogene Variable Bevölkerung", die eine Tendenz des Marktlohnsatzes zum natürlichen Lohnsatz hervorruft.[8]

Diese Gravitation des Lohnes zum Existenzminimum drückt Ricardo, der mit einem gewohnheitsmäßigen Existenzminimum argumentiert, am deutlichsten aus.[9] Sie wird später von Lasalle als "ehernes Lohngesetz" bezeichnet. Ähnlich argumentierten vor Ricardo bereits die Physiokraten, Adam Smith und Heinrich von Storch. Bei Smith entspricht der "natürliche" und bei Storch der "nothwendige" Lohnsatz dem Existenzlohnsatz bei Ricardo.

Vereinfachend stellt Abbildung 4 den beschriebenen Zusammenhang dar. In Abbildung 4 entspricht q_0 dem Existenzlohnsatz, der in der Ausgangssituation dem Marktlohn, der sich aus dem Angebot A_1 und der Nachfrage N_1 ergibt, entspricht. Erhöht sich nun bei konstanter Bevölkerung die Arbeitsnachfrage auf N_2, d. h., es kommt zu einer Rechtsverschiebung der Nachfragekurve, so übersteigt der Marktlohnsatz den Subsistenzlohnsatz. Kurzfristig finden Arbeiter in Höhe von r_2, bei einem Lohnsatz von q_1, Beschäftigung. Da hier-

---

6 Vgl. Ott, A. E., Winkel, H., Geschichte der theoretischen Volkswirtschaftslehre, Göttingen, 1985, S. 75ff..

7 Vgl. Schumann, J., Wohlfahrtsökonomik, in: Geschichte der Nationalökonomie, Hrsg.: Issing, O., S. 169-190, 2. Aufl., München, 1988 (im folgenden als Schumann, J., 1988 a zitiert), S. 170.

8 Vgl. Schumann, J., Die Wegbereiter der modernen Preis- und Kostentheorie, in: Geschichte der Nationalökonomie, Hrsg.: Issing, O., S. 123-149, 2. Aufl., München, 1988 (im folgenden als Schumann, J., 1988 b zitiert), S. 125.

9 Vgl. Ricardo, D., a.a.O., S. 81ff..

aus Bevölkerungswachstum folgt, verschiebt sich die Angebotskurve nach rechts, z. B. auf A_2. Im neuen Gleichgewichtszustand entspricht der Lohnsatz wieder dem Existenzlohnsatz.

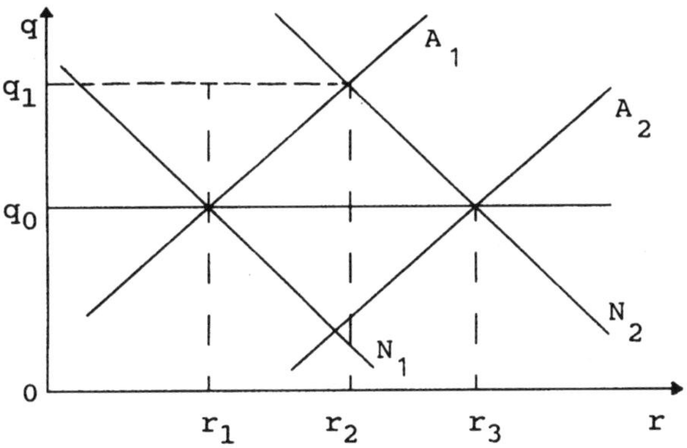

Abbildung 4: Der Subsistenzlohn
Quelle: Blaug, M., 1971, a.a.O., S.102

Die Argumentation von Smith ist vergleichbar mit Ricardos gewohnheitsmäßigem Existenzminimum.[10,11] Zudem erwartete Smith parallel zur Kapitalakkumulation eine ständig steigende Arbeitsnachfrage, so daß der Marktlohnsatz auch bei wachsender Bevölkerung über q_0 liegen kann.

Diese Ausführungen machen auch deutlich, daß es nicht gerechtfertigt ist, die englischen Klassiker generell als strenge Lohnpessimisten zu bezeichnen. Smith erwartet, wie beschrieben, durchaus Löhne, die über dem Subsistenzlohnsatz liegen, und Ricardo argumentiert mit einem Existenzminimum, das durch Sitte und Gewohnheit geprägt ist.

Storch übernimmt von Smith dessen Argumentation und Beispiele zur Bestimmung der Lohnhöhe.[12] Smith weist darauf hin, daß die Verdienste geleistete Bildungsinvestitionen mit vergüten sollten. Daneben nennt er vier weitere Bestimmungsgründe für die Höhe des monetären Lohnes,[13] die sämtlich auch bei Storch zu finden sind. So ist die Lohnhöhe abhängig davon, wie angenehm bzw. unangenehm die Tätigkeit ist, ob sie kontinuierlich oder nur

10 Vgl. Smith, A., a.a.O., S. 67f..

11 Vgl. Schumann, J., 1988 b, a.a.O., S. 125.

12 So übernimmt Storch von Adam Smith auch das Beispiel der Entlohnung eines Rechtsanwaltes.

13 Vgl. Smith, A., a.a.O., Erstes Buch, Zehntes Kapitel, S. 85-125, insbesondere S. 86-91.

saisonal betrieben werden kann, welche charakterlichen Eigenschaften sie erfordert und welcher Grad an Unsicherheit bezüglich des Berufserfolges in einer Branche herrscht. In diesem Zusammenhang ist auf Smith Erklärung der Lohnstruktur mit "net advantages" hinzuweisen.[14] Die Konkurrenz sorgt nach Smith für den Ausgleich der Summe aus monetärer und nicht-monetärer Entlohnung einzelner Berufe.[15] Unklar ist in den Smithschen Ausführungen jedoch, ob die genannten Bestimmungsgründe auch den Lohn der unproduktiven Arbeiter determinieren.

Storch führt die genannten Gründe auch für die Herleitung der Lohnhöhe bei den "Diensten" an und weist auf einen weiteren Bestimmungsfaktor der Entlohnung hin.

> "Bei Diensten, welche ausgezeichnete Eigenschaften erfordern, tritt ebenfalls eine Rente der Talente oder moralischen Vorzüge zu den anderen erhöhenden Ursachen des nothwendigen Lohnes."[16]

Gerade dieses Element einer "Rente der Talente und moralischen Vorzüge" darf bei der Entlohnung von "Diensten", die teilweise hohe Ansprüche in dieser Richtung an die Ausführenden[17] stellen, nicht unterschätzt werden. Storch weist jedoch darauf hin, daß die "Rente besonderer Naturanlagen" bei allen Beschäftigten, also nicht nur bei den "Diensten", auftreten kann. Durch diese These unterscheidet sich Storchs Lohntheorie wesentlich von den Überlegungen der englischen Klassiker Ricardo und Smith. Daher soll im folgenden diese Rente näher untersucht werden.

---

[14] Vgl. Smith, A., a.a.O., S. 99f..

[15] Vgl. Blaug, M., 1971, a.a.O., Bd. 1, S. 107.

[16] Storch v., H., 1819, a.a.O., Bd. 2, S. 361.

[17] Es sei hier an die Aufzählung der Dienste unter B. 2.1, S. 62-64 erinnert.

2.3.3 Die "Rente der Talente"

Die oben angesprochene "Rente der Talente" interessiert nicht nur, weil sie eine weitere, bei Smith nicht diskutierte, Determinante der Lohnhöhe ist, sondern insbesondere auch wegen der Bezeichnung eines Arbeitseinkommens als Rente.[18]

Auch Alfred Marshall, der allgemein als Mittler zwischen Klassik und Grenznutzenschule angesehen wird,[19] wendet den Begriff Rente auf Arbeitseinkommen an. So definiert er jenes Einkommen, welches

> "nicht das Ergebnis einer Investition menschlicher Anstrengungen in einem Produktionsmittel.." ist, sondern "..aus dem Besitz eines frei von der Natur verliehenen differentiellen Produktionsvorteiles.."[20]

resultiert, als Rente.

Eine derartige Rente beruht auf dem Fehlen gleichartiger Faktoren. Da keine weiteren Anbieter mit den gleichen Produktionsvorteilen auf den Faktormarkt, bzw. speziell auf den Arbeitsmarkt drängen können, ist diese Rente dauerhaft.[21]

Ein längeres Zitat soll aufzeigen, wie Storch die Rente als Arbeitseinkommen beschreibt:

> "Jedes Geschäft setzt in der Person dessen, der es verrichtet, gewisse technische, geistige oder sittliche Naturanlagen voraus, ohne die es nicht vorgenommen werden kann. Da nun die Anwendung dieser, größtestheils allen Menschen gemeinschaftlichen Anlagen in der Arbeit enthalten ist, so muß auch die Bezahlung für diese Anwendung im nothwendigen Lohne liegen. Sobald aber

---

18 Der Begriff Rente läßt sich bereits in Luthers Bibelübersetzung finden, und im Grimmschen Wörterbuch wird sie definiert "als regelmäßiger Ertrag von Grundstücken und Kapitalien". Grimm, J, Grimm, W., Grimms Wörterbuch, 16 Bde., Leipzig, 1893, Bd. 8, Spalte 816. Die lateinischen Grundlagen des Wortes Rente, reditus (Einahmen, Einkünfte), reddere (zurückgeben) und reddo (vergelten, gewähren, erwidern), lassen nicht erkennen, warum dieser Begriff zunächst fast ausschließlich auf die Bodenrente beschränkt wurde.

19 Vgl. Schumann, J., 1988 b, a.a.O., S. 132..

20 Marshall, A., Principles of Economics, 1. Aufl. 1890, 4.Aufl., Cambridge, 1898. Deutsche Ausgabe: Handbuch der Volkswirtschaftslehre, Stuttgart, Berlin, 1905, S. 567.

21 Als Beispiele lassen sich die Einkommen von Diego Maradonna, Steffi Graf oder Placido Domingo anführen. Ihre Leistungen verlangen zwar viel Fleiß und Einsatz, sind aber ohne besonderes Talent nie realisierbar.

diese Anlagen das gewöhnliche Maß überschreiten, so erhält die Arbeit einen außerordentlichen Grad von Vollendung, und dieser Umstand vermehrt den nothwendigen Arbeitslohn um ein Einkommen, welches nicht unter jenem begriffen seyn kann, weil es sich wesentlich von ihm unterscheidet. Derjenige, welcher es einnimmt, hat keine größeren Kosten angewendet, als andere Arbeiter in dem nämlichen Gewerbe, die doch nur den nothwendigen Lohn erhalten, seine Arbeit kostet ihm nicht mehr Beschwerden und Aufopferungen, als diesen. Was also seine Thätigkeit mehr einbringt, das ist Wirkung der *vorzüglichen Naturanlagen* des Arbeiters, und diese hat er bloß der Freigebigkeit der Natur zu verdanken.

Diese Ähnlichkeit eines solchen Einkommens mit der Landrente berechtigt uns, dasselbe gleichfalls eine *Rente* zu nennen; denn es entspringt nicht aus der Arbeit, sondern aus einer Quelle, deren Eigenthum Jemand ausschließend besitzt. Doch unterscheidet sich diese Rente der besonderen Anlagen (Talente) auch wieder sehr von der Land- und Verlagsrente; denn diese können durch die Arbeit eines Anderen als des Eigenthümers gewonnen werden, jene aber nicht. Obgleich nicht von einer Arbeit herrührend, bildet sie dennoch kein unabhängiges Einkommen; sie ist unzertrennnlich von der Arbeit ihres Empfängers, und muß folglich in seinem Lohn begriffen seyn. Die Benennung Rente kommt ihr nur unter einer einzigen Beziehung zu: weil der Besitzer solcher Naturangaben mit gleicher Arbeit und gleichen Aufopferungen mehr gewinnt als ein Anderer."[22,23]

Storchs Definition von der "Rente der Talente" geht der von Marshall zeitlich weit voraus, weist aber bereits ähnliche Grundgedanken auf. Nach Storch führt auch Mangoldt den Begriff der Rente in der industriellen Produktion ein.

"Die Rente ist dasjenige Einkommen, welches gewissen, bei der Produktion betheiligten Personen, aus dem Grunde zufließt, weil für die fraglichen Produkte ein Preis erzielt wurde, welcher einen Überschuß über die Produktionskosten ergibt."[24]

Mangoldt wendet zudem den Begriff der Rente auf alle Produktionsfaktoren an und zeigt, daß Renten immer dann entstehen, wenn die Angebotskurve der Faktoren nicht völlig elastisch ist. Auch Hermann setzt sich mit dem Rentenbegriff unter verschiedenen Aspekten auseinander. So betrachtet er die

---

22 Stoch v., H., 1819, a.a.O., Bd. 1, S. 198 f..

23 Eine Interpretation der Theorie der "Rente der besonderen Anlagen" als Vorläuferin der Arbeitsleidtheorie wäre zu weitgehend. Zur Arbeitsleidtheorie siehe Jevons, W. S., Theory of Political Economy, 1. Aufl. 1871, 4. Aufl., London, 1911. Erste deutsche Übersetzung: Die Theorie der Politischen Ökonomie, Jena, 1924, Kapitel V, S. 158-198.

24 Mangoldt, H. v., Grundriß der Volkswirthschaftslehre, zweite Auflage bearbeitet von Kleinwächter, F., Wien, Pest, 1871, S. 166.

Bedeutung der Rente u. a. bei seinen Erklärungen zur Gewinnhöhe.[25] Vor Storch hatte als erster deutscher Ökonom bereits Hufeland auf eine "Rente der Talente" hingewiesen.[26,27]

2.3.4 Faktorspezifität und Rente

Renten umschreibt Storch nicht nur als eine "Rente der Talente", sondern sie werden bei der Entlohnung der Dienste auch unter dem Aspekt der Faktorspezifität implizit behandelt. In diesem Kapitel sind also nicht mehr "besondere Talente", sondern die durch Investitionen erworbenen Arbeitsqualitäten Ursache für Renten. Vor einer Diskussion dieses Aspektes ist es erforderlich, auf einige Überlegungen der Neuen Institutionenökonomik einzugehen.

2.3.4.1 Neue Institutionenökonomik und Faktorspezifität

Ronald H. Coase stellte 1937[28] die Frage, warum Unternehmen überhaupt existieren. Diese Frage ist seit den siebziger Jahren die Ausgangsbasis der Neuen Institutionenökonomik. Die Neue Institutionenökonomik teilt sich in die Governance- und in die Measurement-Richtung. Als Hauptvertreter der Governance-Richtung gilt Oliver Williamson[29], während Armen Alchian als Repräsentant der Measurement-Richtung[30] anzusehen ist.[31] Im folgenden

---

25 Vgl. Hermann, F. B. W., Staatswirthschaftliche Untersuchungen, München, 1832, S. 145-199.

26 Vgl. Hufeland,G., Neue Grundlegung der Staatswirthschaftskunst, durch Prüfung und Berichtigung ihrer Hauptbegriffe von Gut, Wert, Geld und Volksvermögen mit ununterbrochener Rücksicht auf die bisherigen Systeme, Teil 1, Gießen-Wetzlar, 1807, Teil 2, Wien, 1815, Teil 1, S. 303-306.

27 Zum Rentenbegriff in der deutschen Nationalökonomie vgl. Keiper, J. S., Kurnow, E., Clark, C. D., Segal, H. H., Theory and Measurement of Rent, Philadelphia, New York, 1961, S. 62 ff..

28 Vgl. Coase, R. H., The Nature of the Firm, in: Economica, Nr. 4, 1937, wiederabgedruckt in: Stigler, G. J., Boulding, K. E., (Hrsg.), Readings in Price Theory, London, 1953, S. 331-351.

29 Hingewiesen werden soll hier auf: Williamson, O., The Economic Institutions of Capitalism, Firms, Markets, Relational Contracting, New York, London, 1985.

30 Hier sei verwiesen auf: Alchian, A. A., u.a., Ökonmische Theorie der Unternehmensentstehung, in: Schriftenreihe des Instituts für allgemeine Wirtschaftsforschung an der Albert-Ludwigs-Universität Freiburg, Bd. 27, Freiburg, 1988. Alchian, A. A., Specifity, Specialisation and Coalitions, in: Journal of Institutional and Theoretical Economics, Band 140, 1984, S. 34-49.Alchian, A.A., Demsetz, H., Production, Information Costs, and Economic Organization, in: American Economic Review, 62, 1972, S. 777-795.

erfolgt eine Beschränkung auf die Überlegungen von Williamson, in denen der Begriff der Faktorspezifität als Dimension von Transaktionen eine tragende Rolle spielt. Sein Begriff der Faktorspezifität entspricht weitgehend dem der Mobilität bzw. Immobilität von Produktionsfaktoren.[32] Vollständig mobile bzw. unspezifische Faktoren sind vielfach verwendbar. Hingegen sind Faktoren mit hoher Faktorspezifität nur für bestimmte Transaktionen, bei totaler Spezifität nur für eine einzige Verwendungsmöglichkeit nutzbar und daher vollständig immobil.

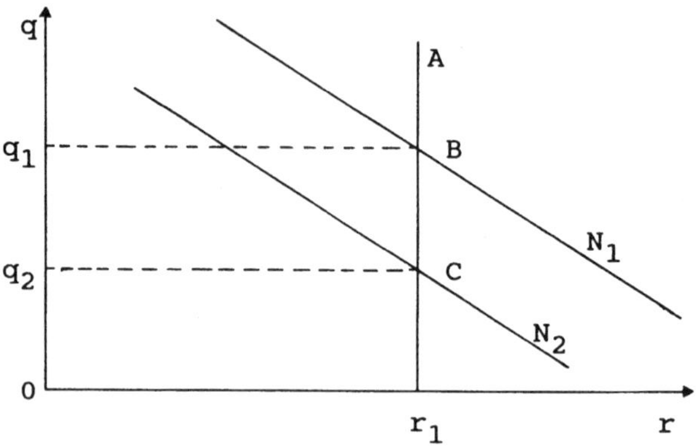

Abbildung 5: Faktorangebotskurve bei vollständiger Faktorspezifität und die daraus resultierende Rente.
Quelle: Schumann, J., Grundzüge der mikroökonomischen Theorie, Berlin u.a., 5. Aufl., 1987, S. 346.

Abbildung 5 stellt die Situation eines solchen Faktors, z. B. eines auf eine bestimmte Tätigkeit hochgradig spezialisierten und somit völlig immobilen Arbeitnehmers dar. Der senkrechte Verlauf seiner Arbeits-Angebotskurve A ergibt sich aus dem Tatbestand, daß für diesen Arbeitnehmer zumindest kurzfristig keine andere Arbeitsmöglichkeit besteht, er ist bei jedem Preis q zu einer Beschäftigung in dem Bereich, auf den er sich spezialisiert hat, bereit. Der Faktoreinsatz (r) wird dementsprechend immer r_1 betragen. Hervorgerufen wird dieser Zustand durch sehr spezifische Investitionen in Humankapital.[33]

---

[31] Vgl. Schumann, J., Die Unternehmung als ökonomische Institution, in: WISU, Nr. 4, 1987, S. 212-218, (im folgenden zitiert als Schumann, J., 1987b), S. 212.

[32] Vgl. Schumann, J., 1987b, a.a.O., S. 214.

[33] Dieser Zusammenhang wird unter einem anderen Gesichtspunkt auch in der Arbeitssoziologie aufgegriffen. Hier spricht man von Dequalifizierung, im Sinne einer Immobilitätssteigerung, durch Weiterbildung im betrieblichen Bildungswesen. Bei dieser Art der Weiterbildung werden dem Arbeitnehmer Kenntnisse und Fähigkeiten

In Abbildung 5 entspricht das Einkommen eines Faktors mit vollkommener Spezifität und bei einer Nachfragekurve N_1 der Fläche $0q_1Br_1$. Da es nun dem Faktornachfrager durch ein Zurücknehmen der Faktorentlohnung möglich ist, die Rente abzuschöpfen, kann diese auf Null, bzw. auf eine Höhe absinken, die eine weitere Existenz des Faktors gerade noch weiter sicherstellt. Würde die Nachfragekurve beispielsweise von N_1 nach N_2 verschoben, so sinkt die Faktorvergütung auf q_2 und die Rente auf $0q_2Cr_1$, die gerade noch dem Existenzminimum entsprechen könnte. Bevor ein Faktor eine dementsprechende Spezifität entwickelt, wird er daher auf einer institutionellen Absicherung seiner Entlohnung bestehen, um so das Abschöpfen der Rente zu verhindern.[34]

2.3.4.2 "Dienste" und faktorspezifische Renten

Die im vorherigen Abschnitt unter den Stichworten Faktorspezifität und Rente diskutierten Aspekte deutet Storch in ähnlicher Form bereits in seinem "Handbuch der Nationalwirthschaftslehre" an.

> "Dienste z. B., die nur der Staat begehrt, gestatten wohl einen Mitbewerb von Anbietenden, aber der Staat, als Begehrender das Monopol besitzend, wird, wenn er nicht von Grundsätzen des Rechts und der Billigkeit geleitet wird, immer den Bediensteten einen wirklichen Lohn bieten, der weit unter dem nothwendigen steht, und er wird dieß fortsetzen können, solange die jetzigen Dienstleistenden dieser Art vorhanden sind. Je mehr zu einem solchen Geschäft besondere Kenntnisse und Geschicklichkeit erforderlich sind, welche sich ein Dienstleistender zur Vorbereitung erworben hat, desto weniger ist er zu jeder anderen Verrichtung brauchbar, desto mehr sieht er sich gezwungen, die Bedingungen anzunehmen, welche die Regierung Lust hat ihm aufzulegen."[35]

Dieses Zitat belegt, daß Storch die Wirkungen einer Faktorimmobilität, die durch den einseitigen Erwerb spezifischer Kenntnisse entstanden ist, erkannte. Storch beschreibt diesen Zustand jedoch nur, wenn der Staat als Faktornachfrager auftritt, während die Neue Institutionenökonomik das Entstehen von Renten und ihr Abschöpfen auch im privatwirtschaftlichen Bereich analysiert.

---

vermittelt, die für das ihn beschäftigende Unternehmen von Wichtigkeit, auf dem Arbeitsmarkt aber nicht positiv verwertbar sind.

34 Bonus verdeutlicht diesen Zusammenhang am Beispiel eines Mathematikers, der sich erst nach institutioneller Absicherung in Form des Beamtenstatus völlig auf ballistische Berechnungen im Auftrage des Staates spezialisiert. Vgl. Bonus, H., Illegitime Transaktionen, Abhängigkeiten und institutioneller Schutz, in: Hamburger Jahrbuch für Wirtschafts- und Gesellschaftspolitik, 32, 1987, S. 87-107, S. 93.

35 Storch v., H., 1819, a.a.O., Bd. 2, S. 361f..

Weiterführend weist Storch auf Wirkungen hin, die entstehen, wenn der Staat als monopolistischer Faktornachfrager das Angebot an "Dienstsuchenden" künstlich erhöht, indem er die spezifische Ausbildung finanziert. Storch beschreibt dabei, daß die abgeschöpfte Rente in einem solchen Fall größer sein muß als die aufgewendeten Ausbildungsausgaben, wenn ein solches Staatsverhalten eine finanzielle Motivation haben soll.

> "Wenn die Regierung, um den Mitbewerb von Dienstsuchenden zu vergrößern und dauernd zu machen, auf ihre Kosten junge Leute für solche Dienste erzöge, so könnte sie ihr Monopol von einem Geschlecht zu dem anderen erstrecken und fortwährend den Lohn unter seinem nothwendigen Satze halten ....Daher errichten sie eine Menge von Schulen und Lehranstalten, wo der Unterricht unentgeldlich ist und die Zöglinge bisweilen auf Kosten des Staates unterhalten werden. Dieß zieht viel mehr Menschen zu dieser Lebensart, als sie sonst ergreifen würden, und da die Lernenden nur für einen besonderen Dienstzweig gebildet sind, auch meistens keine anderen Unterhaltsmittel haben, so behält es der Staat immer in seiner Gewalt, ihnen einen sehr spärlichen Lohn zu bieten."[36]

[36] Storch v., H., a.a.O., Bd. 2, S. 362.

2.4 "Dienste" bzw. "Dienstleistende" als Angestellte

Unter diesem Gliederungspunkt soll untersucht werden, ob sich Ähnlichkeiten zwischen Storchs Begriff der "Dienste" bzw. "Dienstleistenden" und der heutigen Bezeichnung "Angestellte" finden lassen, ob bereits Storch angestelltenspezifische Aspekte der Wirtschaftssoziologie, wie sie unter 2.4.1 vorgestellt werden, diskutierte.

Da Rußland zum Zeitpunkt der Veröffentlichung des "Handbuches des Nationalwirthschaftslehre" erst am Beginn seiner Industrialisierung stand,[1] nehmen Storchs Ausführungen über die Bedeutung von Angestellten nur sehr wenig Raum in seinem Werk ein. Jedoch ist es bemerkenswert, daß er sich überhaupt dieser Thematik widmet.

Bevor aber Storchs Gedanken vorgeführt werden können, ist der Begriff des Angestellten näher zu diskutieren. Besonders angesprochen wird der Begriff der leitenden Angestellten, da diese als Nachfolger der frühen Kanzlisten angesehen werden können.

2.4.1 Allgemeine Diskusssion des Angestelltenbegriffs

Neben einem kurzen sozialhistorischen Abgrenzungsversuch wird der Angestelltenbegriff im folgenden auch als Gegenstand der soziologischen und ökonomischen Diskussion behandelt.

Zu Beginn der Industrialisierung entwickelten sich Frühformen des Angestelltentums, den Begriff des Angestellten an sich kannte man damals noch nicht. Die Vorläufer der heutigen Angestellten wurden als Kaufmannsgehilfen oder Kanzlisten tituliert. Ihr Einsatz begann, als die betriebsnotwendigen Aufgaben nicht mehr vom Eigentümer und dessen Verwandtschaft in hinreichender Weise gelöst werden konnten.

Ein enges Vertrauensverhältnis der Kanzlisten zum Betriebspatriarchen und dessen Familie war charakteristisch für jene Zeit. Diese Nähe zum Unternehmer wurde als zu verteidigendes Privileg betrachtet, und hierin ist der Grund zu sehen, warum die Organisationen der Kaufmannsgehilfen einen ständischen Charakter aufwiesen. Hierdurch gelang eine gewünschte Distanzierung von der traditionellen Arbeiterschaft, der man sich überlegen fühlte.

---

[1] Siehe hierzu Kapitel A. 2.2, S. 11-13.

Sich selbst ordneten die Kanzlisten auf seiten der Unternehmer ein. Karl Marx bezeichnete von daher die leitenden und beaufsichtigenden Arbeitnehmer als eine

> "besondere Sorte von Lohnarbeitern"[2], als
>
> "industrielle Oberoffiziere (Dirigenten, managers)."[3]

Um die Jahrhundertwende änderte sich die Situation für die Kanzlisten grundlegend. Die Entstehung von Großbetrieben verlangte eine funktionale Differenzierung, d. h., die einzelnen verwaltungtechnischen Aufgaben wurden von vielen verschiedenen Beschäftigten wahrgenommen. Deutlich wird dies auch an der Zahl der Industrieangestellten, die sich von 1882 bis 1925 versiebenfachte.[4]

Die sozialhistorische Betrachtung soll hier abgebrochen werden, da die Entwicklung im zwanzigsten Jahrhundert für den Fortgang dieser Arbeit vernachlässigt werden kann. Vielmehr soll nun die Diskussion der Ökonomen und Soziologen kurz vorgeführt werden.

Schumpeter und Gutenberg betonen die Wichtigkeit der Funktion des Unternehmers. So sieht Gutenberg in der direkten Geschäftsführung bzw. der Person des Unternehmers einen dispositiven Faktor[5] und kommt zu dem Schluß, daß Personen, denen eine Anordnungsbefugnis übertragen wurde,

> "gewissermaßen nur den verlängerten Arm der Geschäfts- und Betriebsleitung"[6]

darstellen.

Auch Schumpeter schreibt dem Unternehmer eine Funktion zu, die ihn von den leitenden Angestellten abhebt, wobei Schumpeter Führungskraft höher bewertet als Eigentümerschaft.[7] Die unterschiedliche Beurteilung der

---

2 Marx, K., Das Kapital, Hrsg.: Institut für Marxismus-Leninismus beim ZK der SED, Bd. 2., Frankfurt a. M., 1972, S. 351.

3 Marx, K., Das Kapital, a.a.O., S. 351.

4 Vgl. Kleine, G., Soziologie des Leitenden Angestellten, in : Handbuch für leitende Angestellte, Hrsg.: Grüll, F., Bd. 1, Soziologie, S. 19-156, Darmstadt, 1962, S. 51.

5 Vgl. Gutenberg, E., Grundlagen der Betriebswirtschaftslehre, Bd. 1, 13. Aufl., Berlin, Heidelberg, New York, 1962, S. 5 ff. und S. 130ff..

6 Gutenberg, E., a.a.O., S. 7.

7 Vgl. Schumpeter, J. A., Konjunkturzyklen, Bd. 1, Göttingen, 1961, S. 111.

Stellung von Angestellten, insbesondere von leitenden Angestellten, im Betrieb soll anhand dreier Theorien deutlich gemacht werden.

Die von Croner entwickelte Delegationstheorie ist von funktionalistischen Vorstellungen geprägt.[8] Ausgangspunkt dieser Theorie ist die Annahme, daß bei wachsender Betriebsgröße das Funktionsbündel eines Unternehmers derart stark anwächst, daß dieser nicht mehr in der Lage ist, alle Aufgaben zu erfüllen. Hierdurch ergibt sich in Croners Theorie für den Unternehmer der Zwang, sich auf eine Leitungsfunktion der höchsten Ebene zu beschränken und Aufgaben der Überwachung, des Vertriebes und sogar der Innovation zu delegieren. Die Aufgaben wachsen den Angestellten demnach hierarchisch von "oben nach unten" zu.

In der Eigentumstheorie wird nicht versucht, die Stellung der Angestellten aufgrund einer funktionalen Ordnung zu erklären, vielmehr werden die Eigentumsverhältnisse betrachtet. Als Vorläufer dieser Theorie gilt Rathenau, der bereits im letzten Jahrhundert die These vertrat, daß die zu erwartenden Umstrukturierungen im Betrieb eine Anonymisierung des Eigentums mit sich bringen und die Eigentümer ins gesellschaftliche Abseits drängen werden. Als Hauptvertreter dieser Theorie gelten Berle und Means.[9] Tragende Säule ihrer Theorie ist die These, daß eine Trennung von Eigentum und Kontrollmacht erfolgt ist. Die notwendige Aufgabendelegation schwächt die Machtstellung des Eigentümers. Er gerät in eine wachsende Abhängigkeit von seinen Mitarbeitern. Nicht eine funktionale Umverteilung, sondern die Entmachtung der Eigentümer durch ihre Führungskräfte erklärt die Stellung der leitenden Angestellten.

Alasco[10] entwickelte um 1950 die Qualifikationstheorie, wobei er von der These ausging, daß der "Intellectual Capitalism" eine neue Variante des Kapitalismus sei, der den Kommunismus verhindern kann. Träger des "Intellectual Capitalism" sind die leitenden Angestellten, die aufgrund ihrer Stellung und Tätigkeit dem Eigentum ideologisch verbunden bleiben und eine Art "äußeren Verteidigungsring" des Kapitals bilden. Alasco sieht den Beginn der

---

8 Vgl. Croner, F., Die Angestellten in der modernen Gesellschaft, Frankfurt a. M., Wien, 1954. Besonders aber auch Croner, F., Soziologie der Angestellten, Köln Berlin, 1962, hier besonders S. 112-131.

9 Vgl. Berle, A. A., Means, G. C., The Modern Corporation and Private Property, 1. Aufl. 1932, New York, 1950.

10 Vgl. Alasco, J., Intellectual Capitalism, New York, Montreal, London, 1950.

Entwicklung in der Trennung von Eigentum und Verfügungsmacht.[11] Gegenüber anderen Arbeitnehmern, aber auch gegenüber den Unternehmern, erfolgt eine qualifikationsbezogene[12] Abgrenzung der Angestellten, welche aufgrund ihrer geistigen Ressourcen, also ihres hohen Wissensstandes, ihre Stellung im Betrieb einnehmen. Ihre Qualifikation versetzt sie in die Lage, als Motor der industriellen Entwicklung tätig zu werden.[13] Die Qualifikationstheorie ist eine klare Absage an die funktionale Theorie und als eine Weiterentwicklung der Eigentumstheorie zu verstehen.

In einer Interpretation der Qualifikationstheorie spricht Richta von der Verbindung materiellen Eigentums und dem "Geistkapital", in der den leitenden Angestellten die Rolle einer sozialen Elite zufällt. Begründet wird diese hohe Wertschätzung damit, daß die durch das "Geistkapital" in Gang gebrachte wissenschaftliche Revolution zur Weiterentwicklung der Industrie führt.[14] Richta bezeichnet die menschliche Tätigkeit als Produktivkraft, deren Quelle die Wissenschaft ist.[15]

---

[11] Vgl. Alasco, J., a.a.O., S. 65.

[12] Hierbei ergibt sich das Problem, wie Qualifikation gemessen werden soll. Aussagefähige Ergebnisse können hier am ehesten erzielt werden, wenn das systematische Wissen als Bemessungsgrundlage herangezogen wird. Vgl. Hartmann, H., Arbeit, Beruf, Profession, in: Neue wissenschaftliche Bibliothek, Berufssoziologie, Hrsg.: Luckmann, T., Sprondel, W., Köln, 1972, S. 36-52, S. 44ff..

[13] Vgl. Alasco, J., a.a.O., S. 89.

[14] Es sei hier nur an die Verwendung der neuen Techniken in der Industrie erinnert.

[15] Vgl. Richta, R., Richta Report - Politische Ökonomie des 20. Jahrhunderts, in: Marxismus Bibliothek, Bd. 10, Hrsg.: Richta, R., Frankfurt a. M., 1971, S. 247.

2.4.2 Die Bedeutung der "Angestellten" bei Storch

Die Vorläufer der heutigen Angestellten bezeichnet Storch nicht als Kaufmannsgehilfen oder Kanzlisten, sondern als "Verwalter", "Geheimschreiber" und "Rechnungsführer".[16] Hierbei handelt es sich für Storch um "Dienste", die zur Hervorbringung des "Hilfsgutes Muße" benötigt werden. Storch erklärt dies folgendermaßen:

> "Während beim Fortschreiten des Wohlstandes die künstlichen Bedürfnisse zalreicher, die Arbeiten vollkommener und edler werden, bleiben die natürlichen Bedürfnisse immer dieselben und erheischen größtenteils so niedrige, unedle Verrichtungen, daß es einem Einzelnen moralisch und physisch unmöglich ist, sich mit beiden zugleich zu befassen. Auch giebt diese Verschiedenheit der Arbeiten beim Anwachs des Volksvermögens und seiner ungleichen Vertheilung jener nützlichen Classe von Menschen Entstehung, welche den übrigen die kleinen Sorgen des Lebens abnimmt, ihnen die im Gefolge dieser Sorge befindlichen Unannehmlichkeiten und Zeitverluste erspart, sich den einförmigsten, gemeinsten und widrigsten Verrichtungen unterzieht, kurz, alles Unangenehme und Demüthigende im Leben auf sich nimmt, und dadurch den anderen Ständen die Zeit, die Heiterkeit des Geistes und die würdevolle Haltung in der Gesellschaft verschafft, deren sie bedürfen, um sie höheren Beschäftigungen mit Erfolg zu widmen. Den Inbegriff dieser Güter bezeichnet das Wort Muße."[17]

Für die hier vorliegende Fragestellung ist insbesondere der letzte Teil dieses Zitates von Interesse. Den Dienstleistenden wachsen wegen Überlastung, z. B. des Unternehmers, Aufgaben von oben nach unten zu. Diese Überlegung ist wie die Delegationstheorie Croners von funktionalistischen Vorstellungen geprägt; dispositiver Faktor bleibt dennoch der Unternehmer. Andererseits lassen sich bei Storch auch qualifikationstheoretische Überlegungen finden.

> "Beispiel und Übung sind vortreffliche Lehrer, aber sie reichen nicht zu allen Gewerbsverrichtungen hin. Der bloße Werkarbeiter kann zwar mit Hülfe beider sehr geschickt werden, aber der Lehrling, welcher Vorsteher einer Gewerksanstalt werden will, wird aus der Übung wenig Nutzen ziehen, wenn er nicht seine geistigen Anlagen entwickelt, wenn er sich nicht zur Vorbereitung die allgemeinen Kenntnisse erworben hat, durch welche die künftig von ihm zu leitende Arbeit vervollkommnet worden ist. Ein junger Mensch, der sich einer bergmännischen Unternehmung widmen will, wird doch nicht dazu tüchtig werden, wenn er auch mit der größten Aufmerksamkeit alle Gruben- und Hüttenarbeiten beobachtet, wofern er nicht Mathematik, Mechanik, Chemie versteht. Den Unternehmer bildet daher die Anwendung der Theorie auf die

---

[16] Vgl. Storch v., H., 1819, a.a.O., Bd. 2, S. 355.

[17] Storch v., H., 1819, a.a.O., Bd. 2, S. 343.

> Ausübung; die Theorie jedes Gewerbes setzt aber wissenschaftliche Kenntnisse voraus."[18]

Ein Unternehmer wird hier nicht als Eigentümer des äußeren Kapitals definiert, sondern durch sein Wissen erklärt. Ein leitender Arbeitnehmer in einem Bergwerk, wie Storch ihn im oben angeführten Zitat beschreibt, ein Steiger im heutigen Sprachgebrauch,[19] nimmt diese Stellung aufgrund seiner geistigen Ressourcen ein. Dieser Kapitalstock an "inneren Gütern" ist mit dem Begriff "Geistkapital" zu vergleichen und ist eine Quelle der menschlichen Produktivkraft.

> "So kann also die Gewerbsamkeit keine Fortschritte machen ohne Hilfe des *Wissens*."[20]

[18] Storch v., H., 1819, a.a.O., Bd. 2, S. 510f..

[19] Steiger gelten als leitende Angestellte.

[20] Storch v., H., 1819, a.a.O., Bd. 2, S. 511.

3 "Innere Güter", Volkseinkommen und volkswirtschaftlicher Überschuß

Im folgenden werden Storchs "Betrachtungen über die Natur des Nationaleinkommens" vermehrt berücksichtigt.

Die Bildung des Volkseinkommens wird unter Punkt 3.1 bei Berücksichtigung der "inneren Güter" vorgestellt. Unter 3.2 wird das Volkseinkommen als volkswirtschaftlicher Überschuß gedeutet. Dieser Überschuß umfaßt jenen Teil der Produktion, der über die Ressourcenbestandserhaltung hinausgeht.

3.1 "Innere Güter" und das Volkseinkommen

Um die Argumentation Storchs zur Entstehung des Volkseinkommens zu verdeutlichen, ist es erforderlich, zunächst seinen Kapitalbegriff vorzustellen. Dies erfolgt unter 3.1.1. Bei den Ausführungen soll -soweit vorhanden - auf Unterschiede zu anderen Vertretern der klassischen Schule hingewiesen werden.

Nach Beschreibung des Volkseinkommens unter 3.1.2, wird dann unter 3.1.3 ausgeführt, welche langfriste Entwicklung des Volkseinkommens Storch erwartet.

3.1.1 "Volkskapital" und "Einzelkapital"

Neben dem Begriff des Volkseinkommens behandelt Storch auch Aspekte des "Volkskapitals". Allgemein definiert er Kapital als

> "Einkommen, das zur Hervorbringung eines neuen Einkommens angewandt wird."[1]

Der Begriff des "persönlichen Kapitals" ist bei Storch, anders als das "Volkskapital", von der Vorstellung eines konkreten Vermögens geprägt. Demnach kann das "Volkskapital" in der Definition bei Storch nicht der Summe der Einzelkapitale entsprechen. Dies vor allem nicht, weil die

> "natürlichen und erworbenen Fähigkeiten der hervorbringenden Arbeiter"[2]

nicht zum "Einzelkapital" zählen, wohl aber Bestandteil des "Volkskapitals" sind. Mit dieser Definition unterscheidet sich Storch von Smith.

---

[1] Storch v., H., 1825, a.a.O., S. 47.

[2] Storch v., H., 1825, a.a.O., S. 44.

Da Adam Smith natürliche Eigenschaften nicht zum "persönlichen Kapital" rechnet, kommt dieser zu dem Schluß, daß das gesamte Vermögen eines Landes dem aller Bewohner entspricht.[3] Wohl aber zählt Smith zum "stehenden Kapital" die künstlich erworbenen Fähigkeiten,

> "die sich alle Einwohner oder Mitglieder der Gesellschaft erworben haben und mit Nutzen verwerten. Ein solcher Erwerb ist stets mit echten Kosten verbunden, da der Lebensunterhalt während der Ausbildung, dem Studium oder der Lehrzeit gesichert sein muß. Diese Ausgaben zählen zum Anlagevermögen, das unmittelbar in den Menschen investiert ist."[4]

Storchs Theorie des "persönlichen Kapitals" unterscheidet sich von der Adam Smiths aber nicht nur durch die Erfassung der "natürlichen Fähigkeiten" als Bestandteil des "persönlichen stehenden Kapitals". Ein weiteres Unterscheidungsmerkmal ist die Einführung eines "persönlichen umlaufenden Kapitals".[5] Dieses erfaßt "körperliche" Elemente im Sinne von Unterhaltsmitteln, die zur hervorbringenden Tätigkeit notwendig sind, und "unkörperliche" Elemente. Zu letzteren

> "gehören alle *käuflichen Dienstleistungen*, ohne welche der Hervorbringer entweder gar nicht, oder nicht mit dem beabsichtigten Erfolge arbeiten könnte, wie z. B. diejenigen sind, welche ihm Sicherheit für seine Person und sein Eigenthum, Mittel zum Briefwechsel und zum Reisen, Entfernung störender oder zeitraubender Geschäfte u.s.w. gewähren."[6]

Die erforderliche Höhe des "umlaufenden persönlichen Kapitals" variiert in Abhängigkeit von der Tätigkeit des Einzelnen. Der Verbrauch dieses Kapitals wird ersetzt durch den Verkauf von Arbeit bzw. Erzeugnissen, die den Wert der benötigten Unterhaltsmittel und der in Anspruch genommenen "Dienste" zurückerstatten. Vom sächlichen Kapital unterscheidet es sich nur dadurch, daß es personengebunden ist und kein Vermögen darstellt, da es nur vom Besitzer selbst angewendet werden kann.

---

[3] Vgl. Smith, A., a.a.O., S. 230.

[4] Smith, A., a.a.O., S. 232.

[5] Vgl. Storch v., H., 1825, a.a.O., S. 73f..

[6] Storch v., H., 1825, a.a.O., S. 74.

3.1.2 Das Volkseinkommen

Im "Handbuch der Nationalwirthschaftslehre" und in den "Betrachtungen über die Natur des Nationaleinkommens", liefert Storch keine empirischen Daten über die Höhe des Sozialproduktes in Rußland. Hätten solche Daten vorgelegen, wäre ihre Darstellung zu erwarten gewesen, da Storch sich bereits in früheren Werken[7] außer mit theoretischen auch mit statistischen Fragen zur Höhe des Volkseinkommens beschäftigte. Schätzungen über die Höhe des russischen Nationalproduktes liegen jedoch bis zum Ende des neunzehnten Jahrhunderts generell nicht vor.[8]

Jeder Verbrauch von Erzeugnissen ist bei Storch eine Ausgabe, die, solange sie nicht der Hervorbringung neuer Produkte dient, "unfruchtbar" ist. Hierbei beinhaltet die Bezeichnung "unfruchtbar" jedoch keine negative Bewertung einer solchen Ausgabe.

Sobald ein produziertes Gut durch Verkauf den Besitzer gewechselt hat, geht es in das Volkseinkommen eines Jahres ein.

> "Folglich besteht das jährliche Einkommen eines Volkes nicht aus der Summe seiner im Lauf des Jahres *hervorgebrachten*, sondern aus der Summe der in diesem Zeitraum *verkauften* Erzeugnisse, diejenigen mit eingeschlossen, die Jeder für sein eigenes Bedürfniß hervorgebracht hat."[9]

Dieses Einkommen umfaßt auch "unkörperliche Dinge", die jeder "gesellige Mensch" nachfragt.[10,11]

---

[7] Diese Arbeiten werden hier nicht weiter berücksichtigt. Verwiesen sei auf die beiden Werke "Gemälde von St. Petersburg" und "Historisches statistisches Gemälde des russischen Reiches am Ende des 18ten Jahrhunderts". Studenski betont besonders das zweitgenannte Werk. Vgl. Studenski, P., The income of nations, 2 Bde., Bd. 1, History, New York, 1961, S. 86 f.

[8] Vgl. Studenski, P., Bd. 1, a.a.O., S. 137ff..

[9] Storch v., H., 1825, a.a.O., S.13.

[10] Vgl. Storch v., H., 1825, a.a.O., S. 14 ff..

[11] Studenski kommt zu dem Ergebnis, daß Storch in vorhergehenden Werken einen Einkommensbegriff verwendet, wie ihn hundert Jahre später Irving Fisher definiert. Vgl. Studenski, P., Bd. 2, Theory and Methodology, a.a.O., S. 30 und die dort angegebene Literatur, exemplarisch sei verwiesen auf Fisher, I., Income in theory and income taxation in practice, in: Econometrica, 1937, S. 1-55. Ähnlichkeiten sieht Studenski vor allem darin, daß sowohl Storch als auch Fisher den Wert materieller Güter auf die darin enthaltenen Dienste zurückführen. Weder im "Handbuch der Nationalwirthschaftslehre" noch in den "Betrachtungen über die Natur des Nationaleinkommens" führt Storch eine solche einseitige Definition erneut vor. Natürlich

In einer weiteren Erklärung leitet Storch mit Hilfe der Produktionsfaktoren das Volkseinkommen her. Sächliches, "umlaufendes persönliches" Kapital, Arbeit und Grundstücke liefern ein ursprüngliches Einkommen. Die Summe dieser Einkommen bildet das Volkseinkommen.

Zur Verdeutlichung des Volkseinkommensbegriffes betont Storch die Verschiedenheit von "Einzel-" und "Nationaleinkommen",

> "denn das Einkommen eines Volkes mißt sich nicht, wie das der Einzelnen nach seinem Werthe ab, sondern nach seiner Nützlichkeit oder nach den Bedürfnissen, die es befriedigen kann."[12,13]

Weiterhin unterscheidet Storch zwischen einem "rohen" und einem "reinen Volkseinkommen".[14,15] Unter dem "rohen" Einkommen wird das gesamte jährliche Erzeugnis zusammengefaßt. Vermindert um die Aufwendungen zur Erhaltung des Kapitals, auch des "umlaufenden persönlichen Kapitals", entspricht es dem "reinen Einkommen", das konsumiert werden kann, also dem volkswirtschaftlichen Überschuß.

> "Das (reine) Einkommen eines Volkes ist nicht der Ueberschuß der hervorgebrachten Werthe, *über die verbrauchten überhaupt, ... sondern bloß über die zum Hervorbringen verbrauchten.*"[16]

Dieses reine Einkommen fließt dem Produktionsfaktor zu, der die Einkommensentstehung ermöglicht hat.

---

weist er auch hier darauf hin, daß die zur Produktion von Industriegütern verwendeten unkörperlichen Erzeugnisse den Wert und Preis dieser Güter erhöhen.

12 Storch v., H., 1825, a.a.O., S. 14.

13 Mit seiner Unterscheidung erweist sich Storch erneut als ein Kritiker Says. Zum Unterschied von "Werth" und "Nützlichkeit" siehe die Ausführungen unter A. 3.2, S. 15.

14 Vgl. Storch v., H., 1825, a.a.O., S. 95ff..

15 Mit dieser Einteilung unterscheidet sich Storch von Say, der nur ein rohes Einkommen kennt.

16 Storch v., H., 1825, a.a.O., S. 110f..

3.1.3 "Innere Güter" als Entwicklungspotential

In einer Fußnote schreibt Storch:

> "Die Leser wissen, daß wir die Unterhaltsmittel, deren der Arbeiter durchaus bedarf, um leben und arbeiten zu können, als einen Bestandtheil des Kapitals ansehen; diese müssen also, nach unserer Ansicht, vom reinen Einkommen ausgeschlossen werden, und folglich begreift letzteres nur den Theil derselben, der dem Volke zum Hervorbringen entbehrlich ist, oder für welchen die Ausgabe erspart werden kann. Hierher gehören ... alle diejenigen, die zur Bequemlichkeit und zum Vergnügen der hervorbringenden Arbeiter dienen."[17]

Das von Storch beschriebene "reine Einkommen" läßt sich als volkswirtschaftlicher Überschuß interpretieren. Zu diesem zählen in Storchs Definition nur Unterhaltsmittel, die nicht der Reproduktion der Produktionsfaktoren dienen.

Überall dort, wo

> "Fortschritte in der Bildung"[18]

erreicht werden, ist es nicht nur möglich, daß ein Teil der Volksmenge lebt, ohne zu arbeiten, sondern es können

> "die Arbeiter selbst einige Annehmlichkeiten des Lebens genießen."[19]

Bei Weiterentwicklung der "geselligen Bildung" ist es demnach möglich, daß der Marktlohn der Arbeiter über den zur Reproduktion notwendigen hinausgeht, d. h., die Arbeiter am volkswirtschaftlichen Überschuß partizipieren.

Adam Smith[20] argumentiert, daß steigende Produktivität und die daraus resultierende Kapitalakkumulation zu einer steigenden Arbeitskräftenachfrage führen kann und die Löhne dann über dem Existenzminimum liegen. Bevor der Marktlohnsatz durch vermehrtes Arbeitsangebot einer wachsenden Bevölkerung auf das Reproduktionsniveau absinkt, führen weitere Produktivitätssteigerungen zu vermehrter Arbeitsnachfrage.[21]

---

[17] Storch v., H., 1825, a.a.O., Fußnote auf S. 95 f..

[18] Storch v., H., 1825, a.a.O., S. 120.

[19] Storch v., H., 1825, a.a.O., S. 120.

[20] Vgl. Smith, A., a.a.O., Erstes Buch, Kapitel 8, S. 56-75.

[21] Vgl. Schumann, J., 1988 a, a.a.O., S. 172. Auf diese Argumentation Smiths wurde bereits unter B 2.3.2, S. 76ff. hingewiesen.

Während bei Smith die Produktivitätssteigerung durch ein Anwachsen der Arbeitsteilung hervorgerufen wird, spielt dieser Aspekt bei Storch eher eine untergeordnete Rolle. Hauptantriebskraft zur Verbesserung der Produktivität sind vielmehr die Fortschritte bei den "inneren Gütern". Nicht der technische Fortschritt an sich ist also Erklärungsgrund für eine steigende Produktivität, sondern dessen Ursache, nämlich die Weiterentwicklung der "geselligen Bildung". Diese läßt sich mithin als "Investition in unternehmerisches Potential" zur Produktivitätssteigerung interpretieren.

Besondere Bedeutung fällt hierbei der inneren und äußeren Sicherheit zu.

> "Die Sicherheit findet sich nur im Staate; deshalb wachsen Betriebsamkeit und Reichthum nie außerhalb desselben."[22]

Als zweites "inneres Gut", das die Entwicklung der körperlichen Produktion fördert, nennt Storch die "Muße". Indem der Lohnarbeiter dem Gewerbsmann Arbeiten, z. B. die Gartenarbeit, abnimmt, ist dieser in der Lage, seine Zeit der Verwaltung seines Betriebes oder auch der Entwicklung neuer Produktionstechniken zu widmen.

Auch erwähnt Storch die Bedeutung der "inneren Güter" "Gesundheit" und "Geschicklichkeit" für die o. g. Entwicklung. Unter "Geschicklichkeit" versteht Storch sowohl die manuellen Fertigkeiten als auch die produktionsspezifischen Kenntnisse eines Arbeiters. Zur Weiterentwicklung der "Geschicklichkeit" ist der Unterricht, z. B. als praktische Ausbildung

> "eines der mächtigsten Mittel, die Hervorbringungskräfte der Arbeit zu vervollkommnen."[23]

Für die Entwicklung der Gewerbe und des Volkseinkommens sieht Storch demnach in den "inneren Gütern" einen gewichtigen Faktor. Neben dem Volkseinkommen diskutiert Storch auch die "Volkswohlfahrt". Diese ergibt sich aus dem volkswirtschaftlichen Überschuß und dem Entwicklungsstand der "geselligen Bildung".

Intensiv widmet Storch sich der Frage, wie die "Volkswohlfahrt" in zukünftigen Perioden gesteigert werden kann.[24] Anders als Smith betont er neben der

---

[22] Storch v., H., 1819, a.a.O., Bd. 2, S.503.

[23] Storch v., H., 1819, a.a.O., Bd. 2, S. 509.

[24] Vgl. Storch, H. v., 1819, a.a.O., Bd. 2, S. 514-518 und Storch, H. v., 1825, a.a.O., S. 121-149.

Bedeutung des Sparens auch die Bedeutung des Konsumierens. Von einem Volk fordert er,

> "jedes Jahr im Verhältniß dessen, was es verbraucht, zu ersparen, d. h. sein Kapital verhältnißmäßig zur vergrößerten Nachfrage nach Erzeugnissen zu vermehren."[25]

Wird dahingegen nur das Sparen forciert, erwartet Storch hierdurch einen Nachfragemangel. Diese Befürchtung begründet Storch wie folgt:

> "Überall wo Einer *spart*, um ein hervorbringendes Kapital zu bilden, müssen mehrere *ausgeben*, um die Erzeugnisse dieses Kapitals zu kaufen"[26]

Wie Malthus erwartet er ungünstige Folgen für die Volkswirtschaft, wenn übermäßig gespart werden sollte und die wirksame Nachfrage ausbleibt.

Auch hier steht Storch im Gegensatz zu Say, der annahm,

> "daß jedes Product *vom Augenblick seiner Erzeugung an* für den ganzen Betrag seines Werthes anderen Producten einen Absatzweg eröffnet."[27,28]

Storch glaubt, obwohl er die Möglichkeit krisenhafter Entwicklungen nicht ausschließt, dennoch an die Chance eines gleichgewichtigen Wachstums.[29] Diesen Prozeß beschreibt Storch wie folgt:

> Das "*allgemeine Erzeugniß* .. an vertauschten Gütern zerfällt, nach der Anwendung, zu der es bestimmt ist, in zwei Theile.
>
> Aus dem ersten, zur Wiedererzeugung vertauschbarer Güter bestimmten Theile besteht und vermehrt sich der *allgemeine Erwerbstamm* .. des Volkes, d. i. der körperliche und unkörperliche Erwerbstamm.
>
> Der zweite wird zur nichtwerbenden Verzehrung verwendet, bringt weder äußere, noch innere Güter hervor, und heißt *allgemeiner Verbrauchsvorrath* ..

---

25 Storch, H. v., 1825, a.a.O., S. 124.

26 Storch, H. v., 1825, a.a.O., S. 130.

27 Say, J. B., 1818, a.a.O., S. 244.

28 Says Aussagen über die Absatzwege werden als Saysches Gesetz, wonach sich jedes Angebot eine Nachfrage verschafft, zusammengefaßt. Dieses Gesetz spiegelt die Grundtendenz der klassischen Ökonomie wider. Blaug kommt jedoch zu dem Schluß, daß die Geschichte durch ihre Namensgebung Say schmeichelt, da dieser Zusammenhang bereits von Cantillion ausgesprochen wurde. Vgl. Blaug, M., Great Economists before Keynes, Guildford, 1986.

29 Überlegungen zur "Krisenmöglichkeit" finden sich auch bei Malthus, Sismondi, Lauderdale und Owen.

Der Anwachs der Volkswohlfahrt hängt von dem Verhältniß ab, in welchem das allgemeine Erzeuniß zwischen diesen beiden Verwendungen getheilt wird; sie nimmt um so mehr zu, je mehr für den ersten übrig bleibt, und vermindert sich notwendig, wenn der zweite das Übergewicht erhält.

Aber die Wohlfahrt besteht aus Reichthum und Bildung, und beide vergrößern sich nur im Verhältniß des, auf ihre Erzeugung gewendeten Erwerbstammes. Es ist also die Frage zu beantworten, welchen Antheil jeder von beiden Zweigen an sich ziehen solle, damit die Volkswohlfahrt am schnellsten zunehme.

...Da Reichthum und Bildung nicht unabhänig von einander einzeln zunehmen können, so erfordert der gleichzeitige Anwachs beider, daß keines auf Kosten des anderen sich vergrößere....Das Gleichgewicht beider Gattungen der Hervorbringung ist es, wodurch die Volkswohlfahrt erhöht wird."[30]

Diese Entwicklungstheorie der "Volkswohlfahrt" läßt sich in moderner Terminologie wie folgt kurz zusammenfassen. Das "reine Volkseinkommen" umfaßt jenen Teil der Produktion, der über die Reproduktion aller Ressourcen hinausgeht. Verwendet wird dieser Teil für Nettoinvestionen und Konsum - bei Storch als "allgemeiner Verbrauchsvorrath" bezeichnet - von "inneren" und "äußeren Gütern". Hingegen bilden die Nettoinvestitionen den "allgemeinen Erwerbstamm" und führen zu einer größeren zukünftigen Produktion an "äußeren" und "inneren Gütern". Das Wachstum der "Volkswohlfahrt" hängt entscheidend vom "Gleichgewicht" "äußerer" und "innerer Güter" bei den Nettoinvestitionen ab. Storch sieht demzufolge "innere" und "äußere Güter" als gleichbedeutende Faktoren für die Entwicklung der "Volkswohlfahrt" an. Dabei beschreibt er die "geselligen Bildung" als ein Entwicklungspotential für den "Reichthum" eines Volkes, bzw. für das Volkseinkommen.

[30] Storch, H. v., 1819, a.a.O., Bd. 2, S. 516f.

3.2 "Innere Güter" und der volkswirtschaftliche Überschuß

Zunächst wird die Entstehung des volkswirtschaftlichen Überschusses[1] aus Sicht der klassischen und marxistischen Schule mit Hilfe einfacher Kreislaufschemata dargestellt. Betont wird hierbei die Wirkung der "unproduktiven Arbeit", weil dieser Begriff, wie unter Kapitel B. 2.2 gezeigt, mit dem der "inneren Güter" eng verbunden ist. Anschließend wird versucht, auch Storchs Theorie durch ein solches Schema auszu-drücken und die Wirkungen der "inneren Güter" auf den volkswirtschaftlichen Überschuß zu verdeutlichen.

3.2.1 Wirkungen der "unproduktiven Arbeit" auf den volkswirtschaftlichen Überschuß[2]

Ausgangspunkt der folgenden Betrachtung ist die Darstellung der Keyneschen Konzeption als Kreislaufschema. Dargestellt werden Ausgabeströme, also die monetären Äquivalente der Güterströme. Hierbei wird eine geschlossene Volkswirtschaft ohne staatliche Aktivitäten unterstellt. Zur Darstellung bedarf es dann nur dreier Transaktoren.

Dies sind die Haushalte (H), der Unternehmenssektor (U) und der lediglich zur Darstellung benötigte Hilfstransaktor (H_l). Letzterer hat in Abbildung 6 als fiktive Einnahme- bzw. Ausgabeströme die Ersparnisse (S) und die Nettoinvestitionen (I).[3]

Die Haushalte sind jedoch nur in der Lage zu sparen, wenn ihr Einkommen (Y), das sie von den Unternehmen als Entgelt für erbrachte Faktorleistungen beziehen, größer ist als ihre Konsumausgaben (C) sind, die zum Produktions- bzw. Unternehmenssektor fließen.

Unternehmen benötigen neben den von den Haushalten bereitgestellten Faktorleistungen Vorleistungen (V) anderer Unternehmen, um die Produktion durchführen zu können. Aufwendungen, die zur Erhaltung des Sachkapitals dienen, sind als Reinvestitionen (I^R) erfaßt.

---

[1] Anstelle des Begriffs volkswirtschaftlicher Überschuß ließe sich auch die Vokabel Wertschöpfung verwenden

[2] Die Darstellung in diesem Absatz lehnt sich sehr eng an Schumann, J., 1981, a.a.O..

[3] Vgl.Schumann, J., 1981, a.a.O., S. 340.

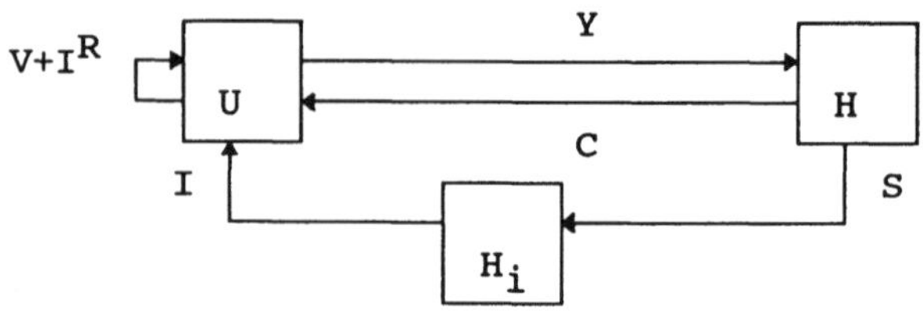

Abbildung 6: Keynsianisches Kreislaufschema
Quelle: Schumann, J., 1981, a.a.O., S. 339.

Der "Güterberg" (G) einer Periode, der alle in dieser Periode produzierten Güter und Dienstleistungen umfaßt, ergibt sich in dieser Konzeption als

(4) $G = V + I^R + C + I,$

und das Nettosozialprodukt (NSP) als

(5) $G - V - I^R = NSP = C + I = Y$

Hier soll nun eine Analyse der klassischen Sichtweise, wie sie im Werk von Adam Smith vorgetragen wird, sowie die marxistische Darstellung und die Bedeutung der "unproduktiven Arbeit" für das Volkseinkommen, in jeweils analogen Kreislaufschemata folgen. Aus der Bezeichnung "unproduktiv" darf nicht der Schluß gezogen werden, daß diese Arbeit keinen Beitrag zum volkswirtschaftlichen Überschuß leiste.

Da Adam Smith die Gesellschaft in die zwei Klassen der "Arbeiter" und "Unternehmer" - als Produktionsmitteleigentümer - unterteilt, ist es gegenüber der oben dargestellten Konzeption (Abb. 6) notwendig, die Haushalte in zwei Transaktoren zu unterteilen. Dies sind dementsprechend der Transaktor der Arbeiterhaushalte (H_A) und der Transaktor der Produktionsmitteleigentümer (H_U). Hierdurch wird es erforderlich, für die Haushalte auch unterschiedliche Einkommens- (Y_A, Y_U) und Konsumströme (C_A, C_U) einzuführen. Da das Einkommen der Arbeiter (Y_A) annahmegemäß gerade die Reproduktion ihrer Arbeitskraft sicherstellt, sind nur die Unternehmerhaushalte in der Lage zu sparen.

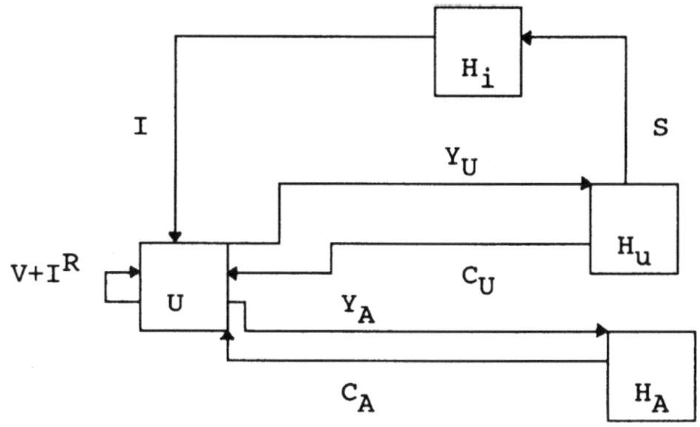

Abbildung 7: Smithsches Kreislaufschema
Quelle: Schumann, J., 1981, a.a.O., S. 389.

In diesem Schema besteht der "Güterberg" somit aus

$$(6) \quad G = V + I^R + C_A + C_U + I,$$

und das Nettosozialprodukt aus

$$(7) \quad G - V - I^R = NSP = C_A + C_U + I = Y_A + Y_U.$$

Es wird erkennbar, daß auch die "unproduktive Arbeit" einen Beitrag zum volkswirtschaftlichen Überschuß leistet. "Unproduktive Arbeit" als Arbeitseinsatz in der Dienstleistungsproduktion interpretiert bedeutet, daß ein Teil des "Güterberges" bzw. des Nettosozialproduktes eben durch "unproduktive Arbeit" erstellt wird, bzw. aus Dienstleistungen besteht.

Die folgende marxistische Interpretation entspricht ebenfalls dieser Vorstellung, mit der Besonderheit, daß die Dienstleistungsproduktion als "nicht-kapitalistischer Sektor" gedeutet wird, in welchem kein Mehrwert anfällt. Zur Darstellung des volkswirtschaftlichen Überschusses in der marxistischen Theorie bedarf es demnach einer Modifikation der Abbildung 7. Soll der "nicht-kapitalistische" Sektor in einem Kreislaufschema berücksichtigt werden, ist die Erweiterung um den Transaktor der "Nicht-kapitalistischen" Leistungserstellung (NK) nötig. Von diesem Transaktor fließt ein Einkommensstrom (Y_{NK}) an den Transaktor derjenigen Haushalte (H_{NK}), die in diesem Sektor tätig sind.

Der Konsum jener Güter, deren Produktion unter "nicht-kapitalistischen" Bedingungen erfolgt, wird durch die Geldströme $C_{U/NK}$, $C_{NK/NK}$, $C_{A/NK}$

wiedergegeben. $C_{U/NK}$ steht dabei für den Geldstrom, der von den Unternehmerhaushalten für bezogene Konsumgüter aus dem "nicht-kapitalistischen" Sektor, an selbigen fließt. Dementsprechend erfassen die Ströme $C_{NK/NK}$, $C_{A/NK}$ den Konsum der Haushalte der "nicht-kapitalistischen" Produktion, bzw. der Arbeiterhaushalte an Produkten aus dem "nicht-kapitalistischen" Sektor. C_{NK} spiegelt die Konsumausgaben der Haushalte H_{NK} für Waren aus dem Sektor U wider. Unter der Annahme, daß auch im "nicht-kapitalistischen" Bereich die Reproduktionstheorie angewandt werden kann, bedarf es keines weiteren Transaktors, der eventuelle Ersparnisse der H_{NK} erfassen könnte.[4]

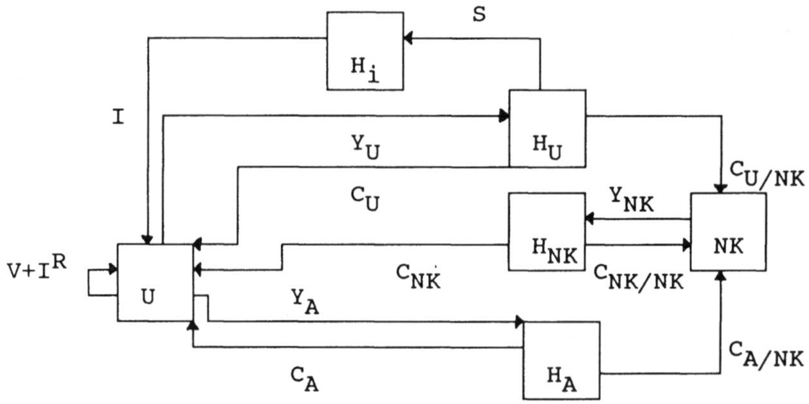

Abbildung 8: Marxistisches Kreislaufschema mit nicht-kapitalistischem Sektor
Quelle: Schumann, J., 1981, a.a.O., S. 393.

Da die Dienstleistungen als Produktion des "nicht-kapitalistischen" Sektors ex definitione im "Güterberg" enthalten sind, ergibt sich dieser als

$$(8) \quad G = V + I^R + I + C_A + C_U + C_{NK} + C_{A/NK} + C_{U/NK} + C_{NK/NK},$$

und das Nettosozialprodukt als

$$(9) \quad G - V - I^R = NSP = C_A + C_U + C_{NK} + C_{A/NK} + C_{U/NK} + C_{NK/NK} + I = Y_A + Y_U + Y_{NK}.$$

[4] Vgl. Schumann, J., 1981, a.a.O., S. 393.

Auch hier wird wieder deutlich, daß die "unproduktive Arbeit" im marxistischen Sinne, also die Arbeit im "nicht-kapitalistischen" Sektor, zum volkswirtschaftlichen Überschuß beiträgt, und zwar in der Höhe von Y_{NK}, mit

(10) $Y_{NK} = C_{NK} + C_{NK/NK}$.

3.2.2 Die "inneren Güter" im Wirtschaftskreislauf

Im folgenden soll versucht werden, die Storchschen Überlegungen unter Berücksichtigung der "inneren Güter" in einem Kreislaufschema zu erfassen.[5] In einem ersten Versuch wird die Struktur des marxistischen Schemas übernommen, d. h. auch hier wird das Smithsche Kreislaufschema um zwei Transaktoren, nämlich (IG) und (H_{IG}) erweitert. Sektor (IG) produziert "innere Güter", also "Hauptgüter" wie "Gesundheit" oder "Wissen" und "Hilfsgüter" wie Sicherheit oder "Muße".[6] Diese können nicht selbst gekauft oder verkauft werden, sondern nur die "unkörperlichen Arbeiten", die sie hervorbringen. Die Transaktionen von (IG) beinhalten daher die Inanspruchnahme der "Dienste".[7] (H_{IG}) repräsentiert die Transaktionen derjenigen Haushalte, die dem Sektor (IG) ihre Arbeitsleistungen anbieten.

Der Transaktor (IG) wird vom Transaktor (U) separiert, weil in den Sektoren sehr unterschiedliche Produkte erzeugt werden. Im ersteren sind dies die "unkörperlichen", im letzteren die "körperlichen" Produkte. Es gilt auch die Annahme, daß nur die Unternehmerhaushalte (H_U) zum Sparen fähig sind, bzw. (H_{IG}) keine Sparleistung erbringt. Das Einkommen der Arbeiterhaushalte und der im Sektor (IG) tätigen Haushalte entspricht lediglich dem "nothwendigen" Lohn.

Die durch die Separierung gegenüber Abbildung 7 entstehenden Einkommensströme entsprechen denen aus Abbildung 8. Sie unterscheiden sich von diesen lediglich durch eine neue Indexierung, indem aus dem Index NK der neue Index IG wird.

---

5 Es sei darauf hingewiesen, daß ein weiterer in Rußland lehrender deutscher Ökonom, nämlich Joseph Lang, zu Storchs Wirkungszeit kreislauftheoretische Überlegungen veröffentlichte. Vgl. Uebe, G., Joseph Lang aus Freiburg-Eine Kreislauftheorie von 1807 zwischen Quesnay und Marx, in: Jahrbücher für Nationalökonomie und Statistik, Vol. 204/1, 1988, S. 36-47.

6 Vgl. unter B. 1, S. 82f..

7 Siehe die Aufzählung der Dienste unter B. 2.1, S. 62-64.

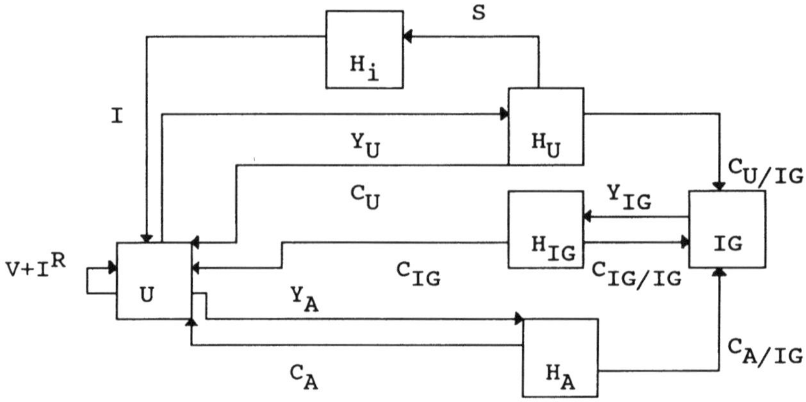

Abbildung 9: Storchsches Kreislaufschema

> "Da die Vermögenstheile und die unkörperliche Arbeit dieß gemein haben, daß sie *Güter* (valeurs) sind, die gegeneinander vertauscht werden können, und da beide vermittelst des *Tausches* wechselseitig auf ihre Vermehrung und Erweiterung wirken, so kann man sie, in dieser Hinsicht, für gleichartig nehmen und unter dem Ausdruck Jahreserzeugniß zusammen fassen."[8]

Dieses Jahreserzeugnis entspricht dem "Güterberg", der sich ergibt als

$$(11) \quad G = V + I^R + I + C_A + C_U + C_{IG} + C_{A/IG} + C_{U/IG} + C_{IG/IG}.$$

Daraus läßt sich das NSP bestimmen als

$$(12) \quad G - V - I^R = NSP = C_A + C_U + C_{IG} + C_{A/IG} + C_{U/IG} + C_{IG/IG} + I = Y_A + Y_U + Y_{IG}.$$

Abbildung 9 gibt zwar die Grundgedanken Heinrich v. Storchs wieder, jedoch kann sie seiner "Theorie der geselligen Bildung" nicht voll gerecht werden. Vielmehr liegt ein Modifikationsbedarf vor, dem Abbildung 10 gerecht werden soll. Dieser Bedarf ergibt sich aus verschiedenen Annahmen Storchs, die in der folgenden Erläuterung des modifizierten Storchschen Kreislaufschemas angeführt werden.

Da Storch den "allgemeinen Erwerbstamm" eines Volkes in einen "körperlichen" und einen "unkörperlichen Erwerbstamm" aufgliedert, ist es angebracht, den Transaktor (IG) wie den Unternehmenssektor zu behandeln. Reinvesti-

[8] Storch v., H., 1819, a.a.O, Bd. 2, S. 516.

tionen in "innere Güter", z. B. Aufwendungen zur Erhaltung des Wissensstandes durch Heranbildung eines wissenschaftlichen Nachwuchses, werden in Abbildung 10 durch den Strom (I_{IG}^R) erfaßt.

Daß Erkenntnisse Vorleistungen (V_{IG}) für weitere spezifische wissenschaftliche Ergebnisse sind, ist sofort einsichtig. Finanziert werden Nettoinvestitionen (I_{IG}) zur Erweiterung des Wissensstandes, wie z. B. Grundlagenforschung, in Abbildung 10 im Sektor (IG) nur von den Unternehmerhaushalten, da angenommen wird, daß nur diese Ersparnisse bilden.

Bezogene Vorleistungen des Unternehmenssektors an "inneren Gütern", z. B. Wissen in Form von Aus- und Weiterbildung der Mitarbeiter, werden durch den Strom ($V_{U/IG}$) gekennzeichnet. Unterstrichen wird hierdurch Storchs Ansicht, daß die Entwicklung des Wissens bzw. seine Anwendung im Unternehmen die Produktion fördert. Natürlich bezieht auch der Sektor (IG) Vorleistungen aus dem Gewerbesektor ($V_{IG/U}$), z. B. in Form gedruckter Bücher oder benötigter Arbeitsmaterialien. Vorleistungen, Reinvestitionen und Investitionen, die nur den Unternehmenssektor betreffen, sind in Abbildung 10 mit dem Index U versehen.

Das modifizierte Schema hat dann folgende Struktur:

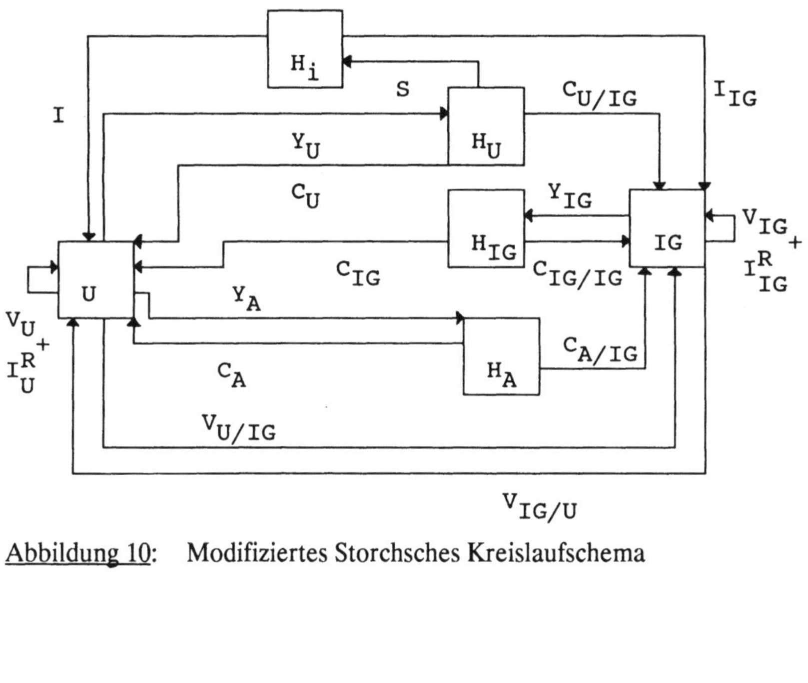

Abbildung 10: Modifiziertes Storchsches Kreislaufschema

Der "Güterberg" würde sich jetzt ergeben als

$$(13) \quad G = V_U + I_U^R + I_U + V_{IG} + I_{IG}^R + I_{IG} + V_{U/IG} + V_{IG/U} + C_A + C_U + C_{IG} + C_{A/IG} + C_{U/IG} + C_{IG/IG},$$

und das NSP als

$$(14) \quad G - V_U - I_U^R - V_{IG} - I_{IG}^R - V_{U/IG} - V_{IG/U} = NSP = I_U + I_{IG} + C_A + C_U + C_{IG} + C_{A/IG} + C_{U/IG} + C_{IG/IG} = Y_A + Y_U + Y_{IG}.$$

Es wird deutlich, daß auch "innere Güter" einen Beitrag zum volkswirtschaftlichen Überschuß einer Periode leisten. Dieser Beitrag besteht in den Konsumausgaben der Haushalte, die im Sektor "Innere Güter" tätig sind, also aus deren Einkommen

$$(15) \quad Y_{IG} = C_{IG} + C_{IG/IG}.$$

Einwände lassen sich auch gegen die modifizierte Abbildung 10 finden. Insbesondere ist es fraglich, ob der Verbrauch "innerer Güter" durch die Haushalte als Konsum bezeichnet werden darf. Zwar ordnet Storch den Verbrauch der Gewerbsarbeiter an "inneren Gütern", selbst wenn er dem Vermögenserwerb dient, dem "Verbrauchsvorrath" zu,[9] dennoch handelt es sich nicht um einen Konsumakt. Dieser Verbrauch dient zwar nicht der Erstellung weiterer "innerer Güter" und ist aus diesem Grunde auch kein Bestandteil des "unkörperlichen Erwerbstammes"; er ist aber als eine Investition in das "persönliche Kapital" anzusehen. Auch in der heutigen Humankapitaldiskussion[10] wird die Ausbildung nicht als Konsum angesehen.[11]

Interpretiert man den Verbrauch "innerer Güter" als Humankapitalinvestition der Haushalte, so muß diese Art von Kapitalakkumulation durch eine entsprechende Ersparnis ermöglicht werden. Im Kreislaufschema der Abbildung

---

9 Vgl.Storch, H. v., 1819, a.a.O., Bd. 2, S. 386. Siehe auch die Ausführungen unter B. 1, S. 60f.

10 Vgl. Schultz, T., Investing in People, University of California Press, Berkeley u.a., 1981.

11 In der Volkswirtschaftlichen Gesamtrechnung werden Ausgaben für die Bildung allerdings nicht als Investition behandelt.

10 müßten die Ströme ($C_{U/IG}$), ($C_{IG/IG}$), ($C_{A/IG}$) z. B. als "Ersparnis für Bildungszwecke" zum Transaktor (H_i) und von dort als "Bildungsinvestitionen" zurück zu den Haushaltstransaktoren führen. Damit käme auch zum Ausdruck, daß die Bereitstellung "innerer Güter" nicht nur durch den Transaktor (IG), sondern auch durch die Transaktoren (H_U), (H_{IG}) und (H_A) erfolgt. Diese Möglichkeit der "Eigenproduktion" "innerer Güter" durch Haushalte läßt sich auch in die im nächsten Abschnitt generell zu behandelnde produktionstheoretische Sichtweise der Storchschen Ausführungen bezüglich "innerer Güter" einordnen.

4 Der Haushalt als Produzent "innerer Güter"

Absicht dieses Kapitels ist es, aufzuzeigen, welche Funktion den Haushalten bei der Erstellung "innerer Güter" zufällt. Zuvor sollen aber kurz einige Bestandteile der neueren Konsumtheorie vorgestellt werden, da diese den Rahmen liefert, mit dessen Hilfe Storchs Ideen verdeutlicht werden können.

Es sei explizite darauf hingewiesen, daß anders als im vorherigen Kapitel, in welchem "innere Güter" analog zu "äußeren Gütern" produziert werden und Volkseinkommen schaffen, in diesem Kapitel die Produktion "innerer Güter" in den Haushaltssektor gedanklich hineinverlagert ist.

4.1 Einige Bestandteile der neueren Konsumtheorie

4.1.1 Eigenschaften von Gütern

In der neoklassischen Theorie strebt ein Wirtschaftssubjekt u. a. nach Maximierung des Nutzens (U).[1] Seine Nutzenfunktion

$$(16) \qquad U = u\,(x_1, x_2, \ldots, x_n)$$

enthält als Argumente die Konsumgüter x_i (mit $i=1$ bis n). Während in der neoklassischen Theorie der Haushalt seinen Nutzen direkt aus den am Markt erworbenen Konsumgütern ableitet, stiften nach Lancaster[2] die Güter selbst keinen Nutzen, sondern die ihnen innewohnenden "characteristics", also ihre Eigenschaften.

> "Goods, as such, are not the immediate objects of preference or utility or welfare, but have associated with them characteristics which are directly relevant to the consumer..."[3]
>
> "The chief technical novelty lies in breaking away from the traditional approach that goods are the direct objects of utility and, instead, supposing that it is the properties or characteristics of the goods from which utility is derived."[4]

---

[1] Vgl. z.B., Luckenbach, H., Theorie des Haushaltes, Göttingen, 1975, S. 17ff.. Schumann, J., Grundzüge der mikroökonomischen Theorie, Berlin u.a., 5. Aufl., 1987, (im folgenden zitiert als Schumann, J., 1987 a), S. 12ff..

[2] Vgl., z.B., Lancaster, K., Consumer Demand, New York, London, 1971.

[3] Lancaster, K., Change and Innovation in the Technology of Consumption, in: American Economic Review, Papers and Proceedings, Vol. 56, 1966, S. 14-23, S. 14.

[4] Lancaster, K., A New Approach to Consumer Theory, in: The Journal of Political Economy, Vol. 74,S. 132-157, 1966, S. 133.

Die Eigenschaften c_j (mit j = 1 bis m) gehen demnach in die Nutzenfunktion

(17) $U = u\ (c_1,\ c_2, \ldots, c_m)$

ein. Der Haushalt kann sich diese Gütereigenschaften nur indirekt verschaffen, indem er die Güter kauft. Jedes Gut enthält i. d. R. mehrere Eigenschaften, die in Kombination mit anderen Gütern variieren können, und jede Eigenschaft ist in mehreren Gütern enthalten.[5]

Die Bedeutung des Ansatzes von Lancaster für die Theorie der Haushaltsnachfrage, insbesondere dem Phänomen der unvollständigen Nachfrage, soll hier nicht herausgearbeitet werden, da sie für die weitere Argumentation in dieser Arbeit nicht von Bedeutung ist.

4.1.2 Haushalte als Produzenten von Verbrauchsleistungen

Wie Lancaster geht auch Becker, auf den der nun zu referierende Ansatz zurückgeht, davon aus, daß nicht die erworbenen Güter oder Dienstleistungen an sich dem Haushalt Nutzen stiften. Nutzen entsteht den Haushalten vielmehr erst durch die Verwendung der Güter im Konsumprozeß, und hierin liegt ein Unterschied zu der unter 4.1.1 vorgestellten Theorie von Lancaster.[6] Anders als in der neoklassischen Theorie und bei Lancaster, fällt dem Haushalt als Nutzenmaximierer eine aktivere Rolle zu.

Die Haushalte produzieren durch die Kombination von Zeit und Marktgütern sogenannte "commodities".[7] Im deutschsprachigen Raum hat sich für den Begriff "commodities", als Gegensatz zu "goods", d. h. den Marktgütern, die Bezeichnung Verbrauchsleistungen durchgesetzt.

In eine Produktionsfunktion zur Erstellung von Verbrauchsleistungen Z_i (mit i = 1 bis n), geht neben dem Konsumgut x_j (mit j = 1 bis m), auch die Konsumzeit T_i ein. Dabei kann eine Verbrauchsleistung mit Hilfe verschiedener Konsumgüter erstellt und können die Konsumgüter zur Produktion verschiedener Verbrauchsleistungen genutzt werden. Die Produktionsfunktion des Haushaltes hat dann folgende Struktur:

---

5 Vgl. Schumann, J., 1987a, a.a.O., S. 56f..

6 Vgl. Horn, M., Grundlagen zu einer Theorie der Zeitbudgetpolitik, Passau, 1984, S. 66f..

7 Vgl. Becker, G. S., A Theory of the Allocation of Time, in: The Economic Journal, Vol. 75, 1965, S. 493-517, S. 495.

(18) $z_i = f(x_{i,j}, T_i)$.

Die Haushalte

> "choose the best combination of these commodities in the convential way by maximising a utility function"[8].

In die neue Nutzenfunktion, die unter der Nebenbedingung (18) maximiert wird, gehen nach Becker diese Verbrauchsleistungen als Argumente ein. Als neue Nutzenfunktion ergibt sich

(19) $U = u(Z_1, Z_2, ..., Z_n)$.

> "In this formulation households are both producing units and utility maximisers."[9]

Besondere Beachtung fand der Ansatz von Becker, weil er den Konsum nicht mehr als zeitlosen Akt betrachtet. Hierdurch ergibt sich die Notwendigkeit, bei Konsumzeitmangel, wie er von Linder[10] prognostiziert wurde, einen optimalen Konsumplan des Haushaltes zu erarbeiten, ohne dabei auf die allgemein übliche Einkommensrestriktion zu verzichten. So steht es dem Haushalt offen, durch verstärkten Einsatz von Kapital die zur "befriedigenden" Produktion von Verbrauchsleistungen erforderliche Konsumzeit zu verringern. Als Beispiel sei auf die Wahlmöglichkeit der Haushalte hingewiesen, kapitalintensive Fertiggerichte zu konsumieren oder traditionelle arbeitsintensive Arbeitsmethoden der Essenszubreitung aufrechterzuhalten.[11]

Für diese Arbeit ist besonders die aktive Rolle des Haushaltes als Produzent von Verbrauchsleistungen, aber auch der Umstand, daß Zeit ein knapper Faktor sein kann, von Interesse.

Im folgenden wird untersucht, ob sich Parallelen zwischen den unter 4.1.1 und 4.1.2 vorgestellten Theorien und Storchs Theorie der "inneren Gütern" finden lassen.

---

[8] Becker, G. S., a.a.O., S. 495.

[9] Becker, G. S., a.a.O., S. 495.

[10] Vgl. Linder, S. B., The Harried Leisure Class, New York, London, 1970.

[11] Als weitere Quellen sei hier verwiesen auf: Luckenbach, H., Neuere Ansätze in der mikroökonomischen Konsumtheorie, in: Bombach, G., Gahlen, B., Ott, A. E., (Hrsg.), Neuere Entwicklungen in der Theorie des Konsumentenverhaltens, Tübingen, 1987, S. 211-235. Luckenbach, H., Grundlagen der Theorie der Zeitallokation, in: Das Wirtschaftsstudium (WiSu), 7. Jahrg., 1978, S. 21-27.

4.2 Haushalte und "innere Güter"

4.2.1 Parallelen zwischen der neuen Konsumtheorie und der "Theorie der inneren Güter"

Wie bereits erwähnt, lassen sich die "inneren Güter" selbst nicht kaufen oder verkaufen, vielmehr werden "Dienste" angeboten und nachgefragt.

> "Obgleich es also, dem Anscheine nach, nur Dienste sind, die man begehrt und kauft; so geht in der That die Nachfrage doch auf ihre Erzeugnisse, und diese sind es eigentlich, die man sucht und bezahlt."[12]

Storch leitet demzufolge den Nutzen eines "Dienstes" daraus ab, welche Eigenschaften ihm zugerechnet werden können. So sucht z. B. der Haushalt die Eigenschaft bzw. das "innere Gut" Gesundheit, welches von mehreren "Diensten" angeboten wird,[13] und nicht den Dienst an sich.

Ähnlich wie in der Theorie von Lancaster eine Eigenschaft in mehreren Gütern vorhanden sein kann, so kann auch ein "Dienst" zur Bereitstellung von mehr als nur einem "inneren Gut" genutzt werden. Beispielsweise läßt sich die Tätigkeit eines Schriftstellers zur Herstellung der "inneren Güter" Wissen und/oder Schöngefühl nutzen.

Trotz der unterschiedlichen Terminologie treten Ähnlichkeiten zur Theorie der Gütereigenschaften offen zutage. Die "Dienste" entsprechen nachgefragten Gütern, und die "inneren Güter" kommen in diesem Zusammenhang dem Begriff der Gütereigenschaften bei Lancaster sehr nahe. Diese Parallele zu Lancasters Ansatz gilt aber nicht für die "körperlichen Produkte" in Storchs Theoriengebilde, da sie direkt als Erzeugnis menschlicher Arbeit nachgefragt werden. Folgendes Zitat verdeutlicht die Parallele zu Lancaster:

> "Innere Güter werden nicht *erkauft*. Vermögens-theile, z. B. Musikinstrumente, kann man fertig auf dem Markt treffen; selbst wenn man sie bestellen muß, so kauft man nicht die *Arbeit* des Künstlers, sondern das *Erzeugniß* derselben, denn wenn das Instrument nicht der Erwartung des Käufers und den ausgemachten Bedingnissen entspricht, so wird es nicht angenommen. Der Käufer nimmt auch an der Arbeit des Instrumentenmachers keinsweges Theil. Wer dagegen Tonkunst lernen will, findet sie nirgends feil, die Lehrer können ihm nur ihre

---

[12] Storch v., H., 1825, a.a.O., S. 16.

[13] Es sei auf die Aufzählung der Dienste unter B. 2.1, S. 62-64 hingewiesen.

> Arbeit verkaufen, die auch nie eine geschehene, sondern stets eine künftige ist, und der Schüler muß auch zugleich eine entsprechende Thätigkeit ausüben."[14]

Jedoch zeigt dieses Zitat nicht nur die Ähnlichkeit von Lancasters Ansatz und Storchs Theorie der "inneren Güter", sondern weist darauf hin, daß der Käufer des hier angesprochenen Dienstes aktiv tätig sein muß, um das "innere Gut" "Geschicklichkeit" in der Ausprägung "Tonkunst" zu erhalten. Dem Konsumenten fällt demnach auch bei Storch die Rolle eines Produzenten von Verbrauchsleistungen zu, indem er das Marktgut Unterricht mit dem Faktor Zeit kombiniert. Diese Aussage sei durch folgendes Zitat erneut belegt:

> "Der Kranke arbeitet nicht eigentlich, wie sein Arzt, aber wenn nicht dessen Bemühungen von der Leibesbeschaffenheit und dem Willen des Kranken unterstützt werden, so kann dieser nicht genesen. Man pflegt auch die Mitwirkung der Zuschauer in einem Schauspiel nicht Arbeit zu nennen; aber können ohne sie die Spieler das bezweckte Gut, die Ergötzung der Zuschauer, zu Wege bringen? - Wir müssen daher bei der unkörperlichen Arbeit die des Erwerbers und die des Verkäufers eines Gutes unterscheiden; jener Arbeit für sich selbst, dieser für Andere, leistet einen Dienst."[15]

Hier wird noch einmal deutlich, daß bei Storch der Haushalt "innere Güter", ähnlich den Verbrauchsleistungen im Beckerschen Sinne, nicht am Markt direkt erwirbt und nicht den "Dienst" an sich nachfragt, sondern Verbrauchsleistungen unter Einsatz des Faktors Zeit und des Marktgutes Dienstleistung produziert. Storchs Ausführungen über die zur Hervorbringung des "Hilfsgutes" "Muße" benötigten "Dienste" lassen darüber hinaus erkennen, daß er den Faktor Zeit als knappes Gut auffaßt.

> "Ist ferner der gemeine Arbeiter verheirathet, so kann er füglich jeder fremden Hülfe bei seinem Hausstande entbehren; wie groß aber würde die Zerstreuung und der Zeitverlust für einen Unternehmer, einen Arzt, einen öffentlichen Beamten seyn, wenn er, selbst mit Hilfe seiner Gattinn, die Besorgung seiner häuslichen Geschäfte persönlich übernehmen wollte".[16]

Während der Arbeiterhaushalt die zeitintensive Variante zur Erstellung des "inneren Gutes" "Muße" wählt,[17] entscheidet sich der Unternehmerhaushalt für die kapitalintensive Produktion. Darüber hinaus wird zu Beginn des Zitates ein unterschiedliches Verhalten Lediger und Verheirateter bei der Auf-

---

[14] Storch v., H., Bd. 2, a.a.O., S. 345.

[15] Storch v., H., Bd. 2, a.a.O., S. 346.

[16] Storch v., H., 1825, a.a.O., S. 78.

[17] Es muß jedoch die Frage gestellt werden, ob hier allen Haushaltsmitgliedern das "innere Gut" "Muße" zuteil wird.

teilung der Zeit auf Arbeits- und Konsumzeit, wie es auch Becker beschreibt, angedeutet.

Storchs Überlegungen weisen Parallelen zur neuen Konsumtheorie auf, die bei einem Nationalökonomen der Klassik nicht zu erwarten waren. Im folgenden Abschnitt 4.2.2 soll eine interpretierende Formalisierung der Storchschen Ideen erfolgen. Es wird versucht, eine Nutzenfunktion für den Storchschen Haushalt aufzustellen.

4.2.2 Die Nutzenfunktion des Storchschen Haushaltes

Wie unter 4.2.1 erwähnt, erfolgt die Produktion von "inneren Gütern" (IG_i (mit i=1 bis n)) durch die Haushalte unter Einsatz der Dienste (D_j (mit j=1 bis m)) und der Zeit (T_i (mit i=1 bis n)). Da die Dienste zur Produktion verschiedener "innerer Güter" eingesetzt werden können,[18] bzw. ein "inneres Gut" mit Hilfe unterschiedlicher "Dienste" erstellt werden kann,[19] ist es erforderlich, daß die "Dienste" in Form von $D_{i,j}$ in die Produktionsfunktion eingehen. Diese ließe sich dann als

$$(20) \qquad IG_i = f\ (D_{i,j},\ T_i)$$

beschreiben. Die Gleichung veranschaulicht, daß zur Produktion von IG_i mehrere Produktionsmöglichkeiten gegeben sind.

Der Nutzen des Haushaltes aus den "inneren Gütern" würde sich ergeben als

$$(21) \qquad U_{IG} = u\ (IG_1,\ IG_2,\ldots,IG_n).$$

Storch erwähnt in seinem Werk nicht, daß ein ähnlicher Zusammenhang auch für die "körperlichen Güter" gilt. In die Nutzenfunktion eines Storchschen Haushaltes, die den Nutzens aus materiellen Produkten (U_x) beschreibt, müßten diese Produkte x_i (mit i=n+1 bis z) direkt eingehen:

$$(22) \qquad U_x = u\ (x_{n+1},x_{n+2},\ldots,x_z).$$

Die Gesamtnutzenfunktion des Storchschen Haushaltes wäre dann:

$$(23) \qquad U = u\ ((IG_1,IG_2,\ldots,IG_n),(x_{n+1},x_{n+2},\ldots,x_z)).$$

---

18 Es sei an das Beispiel des Schriftstellers unter B. 4.2.1, S. 111 erinnert.

19 Das innere Gut Gesundheit könnte mit Hilfe der Dienste des Arztes und/oder des Heilpraktikers und/ oder des Apothekers produziert werden.

Diese Funktion kann aber nicht alle diesbezüglichen Überlegungen Storchs ausdrücken. Soll in der gesuchten Nutzenfunktion berücksichtigt werden, daß Storch die "körperlichen Güter" in solche Produkte, die "natürliche" (Y_i mit $i=n+1$ bis t), und solche, die "künstliche" (V_i mit $i=t+1$ bis z) Bedürfnisse befriedigen, unterteilt,[20] muß Gleichung (23) modifiziert werden. Die Nutzenfunktion des Storchschen Haushaltes lautet dann:

$$U = u\,((IG_1, IG_2, \ldots, IG_n),\ (Y_{n+1}, Y_{n+2}, \ldots, Y_t),\ (V_{t+1}, V_{t+2}, \ldots, V_z)). \qquad (24)$$

[20] Siehe die Ausführungen bezüglich der verschiedenen Bodenklassen in Kapitel A. 3.5.2, S. 28f..

5 Das Verhältnis der "inneren Güter" zur Theorie öffentlicher Güter

In diesem Kapitel soll ein Vergleich zwischen "inneren Gütern" und öffentlichen Gütern vorgenommen werden. Es gilt zu untersuchen, ob Storchs Ausführungen zu den "inneren Gütern" als eine Theorie der öffentlichen Güter interpretierbar sind. Zuvor sei aber noch kurz auf die Bedeutung des Staates im klassischen System eingegangen. Dies ist nötig, um Storchs Aussagen zu den Aufgaben des Staates dogmenhistorisch einordnen zu können.

5.1 Der Staat in der klassischen Ideenwelt

Die Wirtschaft als "lebendiger Organismus" bedarf einer Grundordnung, innerhalb derer sich das Geschehen von Angebot und Nachfrage entfalten kann. Dem Staat fällt die Aufgabe zu, Rahmenbedingungen zu schaffen, die dem Interesse aller Bürger dienlich sind.

In der klassischen, liberalen Ideenwelt führt, vereinfachend formuliert, das freie Spiel der Kräfte zur allgemeinen Harmonie der unterschiedlichen Interessen. Als wichtigste Kraft fungiert hierbei der Wettbewerb, der Konkurrenz sicherstellen und das egoistische Einzelverhalten zur Förderung des Gemeinwohls nutzbar machen soll.

In der Theorie der englischen Klassiker werden Schranken des Egoismus, wie das Gewissen oder auch Mitgefühl, zur Analyse nicht herangezogen. Geprägt wurde diese Einstellung im großen Maße von Hobbes, der schon im "Naturzustand" im Menschen des anderen Menschen Wolf sah. Regeln der Ethik, die sich als Sitten und Gebräuche eines Gemeinwesens äußern, werden in der Theorie der klassischen Ökonomie kaum zur Erklärung der wirtschaftlichen Harmonie herangezogen.[1] Diese Regeln sind hierzu auch nur begrenzt geeignet, da sich die Konstellation der Regeln ebenso kontinuierlich ändert wie das Sozialgefüge. Die Wirksamkeit ethisch begründeter Mechanismen ist nicht nur abhängig von Größe und Kohärenz der konkreten Gesellschaft, sondern auch davon, wie es dieser gelingt, ihre Mitglieder durch Sozialisation, d. h. durch Vermittlung von Werten und Wissen, zu normgerechtem Verhalten zu veranlassen.

---

[1] Recktenwald gelangt diesbezüglich zu einer völlig anderen Beurteilung der klassischen Theorie. Vgl. Recktenwald, H., C., Die Klassik der ökonomischen Wissenschaft, in: Geschichte der Nationalökonomie, Hrsg.: Issing, O., München, 1984, S. 49-71, hier insb. S. 53f..

Grundlage des klassischen Wirtschaftssystems ist die Idee einer natürlichen Ordnung, die bei Adam Smith eine naturpsychische und nicht mehr, wie bei den Physiokraten, eine naturrechtliche Ordnung ist.[2] Smith wollte die natürlichen Bedingungen einer Gesellschaft beschreiben und stellte das beobachtete Verhalten der Menschen, also die historische Gesellschaft seiner Zeit dar, die er von allen "unnatürlichen" Fesseln, besonders denen der Staatsgewalt, befreit wissen wollte und als natürliche Ordnung auffaßte. Diese Überlegungen zu einer von Staatseingriffen freien Wirtschaft entsprachen so sehr den Vorstellungen und Interessen jener Zeit,

> "daß die Volkswirtschaftslehre auf ein halbes Jahrhundert zur Modewissenschaft...wurde."[3]

Neben dem freien Wettbewerb, der zur Übereinstimmung von Eigen- und Gemeininterese führen soll, fordern die Klassiker unterstützend ein System positiver Gesetze, deren Anwendung und Durchsetzung einem sanktionsfähigen Staat aufgetragen wird. Smith sah darüber hinausgehende staatliche Eingriffe in den Wirtschaftskreislauf als überflüssig an, ohne zu verkennen, daß die Existenz des Staates für den Wirtschaftsablauf notwendig ist.[4]

So fordern die Vertreter der Klassik einen "Minimalstaat",[5] der aber in der Lage ist, die Freiheit und das Eigentum des einzelnen nach innen und außen zu verteidigen. Dazu bedarf es der Rechtspflege und einer Armee.

> "Der Aufwand für die Landesverteidigung und die Repräsentation des Regierungschefs kommt dem ganzen Gemeinwesen zugute. Es ist daher vernünftig, daß er durch allgemeinen Beitrag der gesamten Bevölkerung gedeckt werden sollte, indem die einzelnen, soweit wie möglich, jeweils nach ihren Möglichkeiten dazu beitragen. Auch für die Ausgaben für die Rechtspflege mag man ohne Zweifel annehmen, daß ihr Nutzen dem ganzen Gemeinwesen zugute kommt."[6]

---

2 Vgl. Schmölders, G., Geschichte der Volkswirtschaftslehre, Wiesbaden, 1961, S. 35.

3 Schmölders, G., a.a.O., S. 35.

4 In Deutschland wurden diese Gedanken später von Walter Eucken weiterentwickelt, und der smithsche Ansatz ist auch in der heutigen wirtschaftspolitischen Diskussion weiterhin aktuell. Vgl. Rentrup, K., Regulierung von Kommunikationsmärkten, in: Deutsch-polnische wirtschaftswissenschaftliche Studien, Bd. 7,Probleme der Regulierung in den Volkswirtschaften Polens und der Bundesrepublik Deutschland, Hrsg.: Schumann, J., S. 103-115, Bad Honnef, 1987, S. 103.

5 Vgl. Starbatty, J., Klassischer Liberalismus, in: Handbuch Marktwirtschaft, Hrsg.: Vaubel, R., Barbier, H. D., S. 82-89, Pfullingen, 1986, S. 87.

6 Smith, A., a.a.O., S. 694.

Neben diesen beiden Aufgaben obliegt es der Regierung, solche Einrichtungen zu schaffen, die für das Wohlergehen des Ganzen notwendig, aber für die private Bereitstellung ungeeignet sind. Unter dieser Kategorie subsumiert Smith z. B. Verkehrsverbindungen, die möglichst jedoch von den Nutznießern finanziert werden sollten, und erzieherische Institutionen, solange eine private Bereitstellung nicht erfolgt.

Storchs Ausführungen zu den Aufgaben des Staates im Abschnitt

> "Wesen und allgemeine Wirkungen des Staatsverbrauches",[7]

fügen sich nahtlos in dieses System von Adam Smith ein. Wie dieser sieht auch Storch die Notwendigkeit eines Staates und kommt zu dem Ergebnis,

> "daß eine aufgeklärte Staatskunst, eine reine und auf Sittenlehre gegründete Religion, eben so nothwendige Bedingnisse einer blühenden Betriebsamkeit sind, als es nur die Kenntnisse seyn können, die ihr am unmittelbarsten nützen."[8]

Neben dem "nicht werbenden" nennt Storch auch den "hervorbringenden" Staatsverbrauch. "Nicht werbend" ist jeder Staatsverbrauch, der keine neuen "äußeren Güter" hervorbringt, demzufolge auch jene Staatsausgaben, die zur Herstellung "innerer Güter" dienen, insbesondere Ausgaben für die innere und äußere Sicherheit. Hiervon zu unterscheiden sind Aufwendungen, die lediglich der Repräsentation und dem Prunk dienen und nach Storch der Verschwendung zuzurechnen sind.

> "Da der Staatsverbrauch einen beträchtlichen Theil von der Verzehrung des Volkes einnimmt, oft 1/6, 1/5 oder gar 1/4 desselben,..."[9]

verlangt Storch von Regierungen die Beachtung der "Grundsätze von Ordnung und Sparsamkeit". Jedoch legt er nicht dar, wie diese Grundsätze ausgestaltet sein sollten.

Im "hervorbringenden Staatsverbrauch" erfaßt Storch vor allem Ausgaben für Verkehrsnetze und den Postdienst, wobei staatliche Aufwendungen für diesen soweit als möglich durch Benutzergebühren gedeckt werden sollen. Wie die englischen Klassiker weist Storch ein ausgeprägtes Mißtrauen gegenüber der

---

7 Vgl. Storch v., H., 1819, a.a.O., Bd. 2, S. 202-212.

8 Storch v., H., 1819, a.a.O., Bd. 2, S. 512.

9 Storch v., H., 1819, a.a.O., Bd. 2, S. 205.

wirtschaftlichen Effizienz staatlicher Aktivitäten auf und kommt zu dem Ergebnis,

> "daß es dem Gemeinwohl widerstreitet, wenn die Regierung sich die Errichtung und Verwaltung von Anstalten vorbehält, welche, ohne zu großen Nachtheil, dem Mitbewerbe der Einzelnen überlassen werden könnten."[10]

Zu dieser kritischen Einstellung gelangt Storch, weil er meint, daß die öffentlichen Einrichtungen, zumindest die real existierenden seiner Zeit, den Ansprüchen der Gesellschaft nicht gerecht werden können.

Allerdings glaubt Storch, daß es auch Aufgaben gibt, die private Institutionen nicht lösen können, da sie entweder kein Interesse daran haben oder nicht im Besitz der nötigen finanziellen Mittel sind. Dieser Ansatz einer positiven Theorie der staatlichen Tätigkeit wird von Storch nicht weiter verfolgt, und es bleibt offen, welche Güter damit konkret angesprochen werden sollen.

Unter 5.2 wird untersucht, inwieweit sich Heinrich v. Storchs Ausführungen über die "unkörperlichen Produkte" als Ansatz zu einer Theorie der öffentlichen Güter interpretieren lassen.

---

[10] Storch v., H., 1819, a.a.O., Bd. 2, S. 210.

5.2 "Innere Güter" und reine öffentliche Güter

Im heutigen Sprachgebrauch werden öffentliche Güter als reale oder monetäre Leistungen, die der Staat unentgeltlich oder entgeltlich zur Verfügung stellt, definiert. Als reine öffentliche Güter werden jene Güter bezeichnet, die der Staat anbietet und die nur von diesem angeboten werden können, da völliges Marktversagen vorliegt. Eine derartige Situation liegt vor, wenn ein Gut angebotstechnisch unteilbar ist, die Nichtrivalität im Konsum die Nachfrageseite kennzeichnet und niemand von der Nachfrage nach dem Gut ausgeschlossen werden kann. Diese drei Kriterien treffen gleichzeitig auf die Güter äußere und innere Sicherheit zu.[11,12]

Innere und äußere Sicherheit sind zwei Güter, die Storch den "inneren Gütern" zurechnet und die nach Storch nur durch den Staat bereitgestellt werden können. Sein deskriptiver geschichtlicher Abriß über die Entwicklung der "geselligen Bildung"[13] verdeutlicht die Notwendigkeit staatlicher Maßnahmen in einer entwickelten Gesellschaft.

> "Sicherheit, die nothwendige Bedingung zum Fortgange der menschlichen Entwicklung, wird nur möglich, wenn eine Regierung errichtet wird."[14]

Notwendig ist diese aber erst dann, wenn Eigentum angehäuft wurde, da eigentumslose Menschen,

> "ohne Obrigkeit in ganz erträglicher Sicherheit leben."[15]

Neben diesem Schutz des Besitzes bedarf die innere Sicherheit eines Rechtswesens, das durch die Trennung von vollziehender und richterlicher Gewalt gekennzeichnet ist.[16]

Auch die Wahrung des "inneren Gutes" äußere Sicherheit fällt in einer gewerbetreibenden Gesellschaft dem Staate zu. Storch übernimmt hier die Ansicht

---

11 Vgl. z.B., Pfähler , W., Markt und Staat Ökonomische Begründungen der Staatstätigkeit, in: Handbuch Marktwirtschaft, Hrsg.: Vaubel, R., Barbier, H. D., S. 52-66, Pfullingen, 1986, S. 58. Woll, A., Wirtschaftspolitik, München, 1984, S. 197.

12 Konträr diskutiert wird heute die Bezeichnung einer intakten Umwelt als reines öffentliches Gut.

13 Vgl. Storch v., H., 1819, a.a.O., Bd. 2, S. 391-496.

14 Storch v., H., 1819, a.a.O., Bd. 2, S. 431.

15 Storch v., H., 1819, a.a.O., Bd. 2, S. 432.

16 Vgl. Storch v., H., 1819, a.a.O., Bd. 2, S. 438-440.

Adam Smiths, daß ein stehendes Heer der Aufgabe der Landesverteidigung am ehesten gerecht wird.[17] "Dienste", die diese Güter erstellen, werden seiner Ansicht nach nur vom Staat nachgefragt. In diesem Zusammenhang weist Storch auf Probleme eines staatlichen Nachfragemonopols hin.

> "Wenn die Regierung, um den Mitbewerb von Dienstsuchenden zu vergrößern und dauernd zu machen, auf ihre Kosten junge Leute für solche besonderen Dienste erzöge, so könnte sie ihr Monopol von einem Geschlecht zu dem anderen erstrecken und fortwährend den Lohn unter seinem nothwendigen Satze halten..."[18,19]

In diesem Zitat wird die prinzipiell kritische Einstellung dieses Klassikers zum marktgerechten Regierungsverhalten deutlich. Gleichzeitig wird auch erkennbar, daß Storch nicht zwischen staatlichem Angebot und staatlicher Produktion äußerer Sicherheit unterscheidet; vielmehr ist bei ihm der Staat als Anbieter gleichzeitig auch der Produzent. In der heutigen Diskussion um die öffentlichen Güter wird dagegen immer wieder darauf verwiesen, daß der Staat als Anbieter eines Gutes dieses durchaus von Privaten produzieren lassen kann.

Generell problematisiert Storch ein Güterangebot durch den Staat, da er befürchtet, daß

> "die Regierung, statt die Nachfrage des Volkes nach ihren Diensten zu erwarten, dem Volke vorschreibt, welche derselben es kaufen, und zu welchem Preise es solche bezahlen soll."[20]

Nach Storchs Auffassung kann nur eine parlamentarische Demokratie dies verhindern. Doch auch in einer Monarchie sollten nach Storch die oben genannten "inneren Güter" vom Staat bereitgestellt werden. Storch meint sogar historisch feststellen zu können, daß die Preise für öffentliche Güter in dieser Staatsform unter denen in der Demokratie liegen.[21] Leider untersucht er nicht, welche Umstände hierfür als Ursache angeführt werden könnten. Dieser Begründungsmangel ist besonders bedauerlich, da aus heutiger Sicht eine genau gegenteilige Beurteilung zu erwarten wäre.

---

[17] Vgl. Storch v., H., 1819, a.a.O., Bd. 2, S. 440-461.

[18] Storch v., H., 1819, a.a.O., Bd. 2, S. 361.

[19] Zum Arbeitslohn siehe auch die Ausführungen in Kapitel B 2.3, S. 74-84.

[20] Storch v., H., 1825, a.a.O., S. 63.

[21] Vgl. Storch v., H., 1825, a.a.O., S. 64.

Als Fazit muß festgehalten werden, daß auch Storch die vom Staat bereitgestellten Güter, die in der heutigen ökonomischen Literatur als reine öffentliche Güter bezeichnet werden, vom Staat bereitgestellt wissen will. Seine prinzipiell kritische Einstellung zum marktgerechten Regierungsverhalten wird aber, wie oben gezeigt, in seinen Ausführungen sehr deutlich.

Ein weiteres Gut, das nach Storch vom Staat bereitgestellt werden sollte und gemeinsam mit dem "inneren Gut" "Sicherheit" genannt wird, ist die "öffentliche Gottesverehrung".[22] Seit der allgemein akzeptierten Trennung von kirchlicher und staatlicher Macht kann diese nicht mehr als ein vom Staat anzubietendes Gut aufgefaßt werden. In der konkreten Lebenswelt Heinrich v. Storchs ist seine diesbezügliche Beurteilung aber völlig verständlich.

Im folgenden gilt es zu untersuchen, ob Storch auch bei den anderen von ihm genannten "inneren Gütern" bzw. "Diensten" Bedarf an staatlicher Bereitstellung sieht.[23]

---

22 Vgl. Storch v., H., 1825, a.a.O., S. 64.

23 Die "inneren Güter" "Glaube" und "Muße" bleiben dabei außerhalb der Betrachtung.

5.3 "Innere Güter" und staatlich angebotene Güter

Unter Ökonomen ist es heute unbestritten, daß der Staat als Anbieter der reinen öffentlichen Güter agieren muß. Jedes darüber hinaus gehende staatliche Güterangebot wird dahingegen kritisch diskutiert. Ohne weitere Diskussion sollen hier jedoch der Schutz der physischen Existenz, die Entwicklung fundamentaler Fertigkeiten und die Wahrung der individuellen Freiheit als zusätzliche, staatliche Aufgaben angesehen werden.[24]

Der Schutz der physischen Existenz umfaßt u. a. die körperliche Sicherheit des einzelnen im Arbeitsprozeß und die soziale Absicherung arbeitsunfähiger Menschen. Ob sich hierunter auch das gesamte Gesundheitssytem erfassen läßt, ist trotz möglicher positiver externer Effekte, z. B. einer Impfung, umstritten. Dies vor allem, weil davon auszugehen ist, daß in einer modernen Industriegesellschaft auch mit Preisen versehene, also privatwirtschaftlich bereitgestellte Gesundheitsgüter an der Verwirklichung eines befriedigenden Gesundheitszustands beteiligt sind.

In der historischen Gesellschaft Rußlands zu Storchs Lebzeiten wurde dieser Zustand nicht realisiert. So beschreibt Storch die Tätigkeit eines Gewerbsarbeiters als äußerst gesundheitsschädlich.

> "Die Arbeit in den Werkstätten untergräbt allmälig seine Gesundheit, schwächt seine Kraft, verkürzt oft sein Leben um Vieles."[25]

Der individuelle Schutz der physischer Existenz war folglich für die Gewerbsarbeiter jener Zeit nicht gegeben.

Eine konkrete Forderung nach staatlichen Eingriffen zur Veränderung dieser Situation bzw. zur Unterstützung der Betroffenen läßt sich bei Storch nicht finden. Da der "nothwendige" Lohn auch die Aufwendungen zur Aufrechterhaltung der Gesundheit enthält, ist dies auch einsichtig, denn wenn der "nothwendige" Lohnsatz gezahlt wird, ist auch ein befriedigender Gesundheitszustand erreichbar. Storch hätte aus dem arbeitsbedingt unzureichenden, lebensverkürzenden Gesundheitszustand der Arbeiter schließen müssen, daß die im damaligen Rußland tatsächlich gezahlten Löhne unter den "nothwendigen" lagen.

---

[24] Vgl. Woll, a.a.O., S. 199.

[25] Storch v., H., 1819, a.a.O., Bd. 2, S. 394.

Stattdessen sieht Storch die Aufgabe des Staates eher darin, durch

> "weise Gesetze eine große Ungleichheit des Besitzes"[26]

zu verhindern, um so, gekoppelt mit einer "lebhaften Betriebsamkeit", das Anwachsen einer gesunden Bevölkerung zu fördern.

Der Entwicklung fundamentaler Fähigkeiten, nach denen in einem freiheitlichen Staat ein allgemeines Bedürfnis besteht, umfaßt vor allem die Unterrichtung im Lesen, Schreiben und Rechnen. Storch bezeichnet diese Fähigkeiten als "Geschicklichkeit", die durch "Dienste des Sprechen-, Lesen- und Schreibenlehrens",[27] aber auch durch die Arbeit der Handwerksmeister, die ihre Künste weitergeben, vermittelt werden.

In seinen Ausführungen über die "Geschicklichkeit" geht Storch aber leider nicht vertiefend auf die Art der Unterrichtung des Lesens und Schreibens ein, so daß unklar bleibt, welcher Institution - Familie, privaten oder öffentliche Schulen - diese Aufgabe zufällt. So kann nicht bestimmt werden, in welchem Grad der Staat als Anbieter des Gutes Bildung auftreten soll. Historisch belegt ist, daß die russischen Zaren zu Beginn des neunzehnten Jahrhunderts für eine Verbreitung des Schulwesens eintraten.

Die Lage in Rußland findet direkten Eingang in Storchs Werk, wenn er die Situation der damaligen Lehrer und Privatgelehrten beschreibt.

> "Zu einem guten Lehrer in irgend einer Wissenschaft gehört mindestens eben so viel Bestrebung, Naturgabe, Gelehrsamkeit und Übung, als zu einem vorzüglichen Arzt und Sachverwalter; diese werden indeß bei Weitem besser bezahlt als gute Lehrer, weil deren Stand nicht mit einer Menge bedürftiger, auf öffentliche Kosten unterrichteter Leute überfüllt ist,...".[28]

Die öffentliche Ausbildung der Lehrer, wie sie in der russischen Gesellschaft vorzufinden war, wird von Storch nicht grundsätzlich in Frage gestellt. Vielmehr hebt er die positiven Wirkungen solcher Maßnahmen hervor.

> "Wenn der Lehrerberuf etwas von seinem Ansehen verloren hat, so wird dieses Übel durch den Vortheil, daß der Unterricht wohlfeil ist, vielfach überwogen,

---

[26] Storch v., H., 1819, a.a.O., Bd. 2, S. 412.

[27] Es ist auffallend, daß Storch den Mathematikunterricht nicht berücksichtigt. Auch bei seiner Beschreibung der Dienste, die unter B. 2.1, S. 62-64 wiedergeben wurde, berücksichtigt Storch nicht die "Rechenlehrer".

[28] Storch v., H., 1819, a.a.O., Bd. 2, S. 366f..

> und würde es noch mehr, wenn die Lehr- und Erziehungsanstalten im größten Theil von Europa besser eingerichtet wären."[29]

Solche Äußerungen lassen vermuten, daß Storch im bildungspolitischen Bereich durchaus staatlichen Handlungsbedarf sieht. Aktivitäten des Staates innerhalb dieses Sektors können aber nur erfolgreich sein, wenn sie dem "natürlichen" Entwicklungsstand der Gesellschaft entsprechen.

Solche Aktivitäten einer Regierung dürfen nach Storch aber grundsätzlich nicht die Einkommensverwendung direkt betreffen.

> "Befangen von der Vorstellung, daß die Einzelnen über ihren Geldwert schlecht unterrichtet sind, übernimmt sie die Sorge, ihre Untertanen zu bereichern, sie wirft sich zum Richter auf über die Anwendung, welche dieselben von ihren persönlichen Anlagen und ihren Erwerbstämmen machen sollen...und die Wirkung davon ist, daß sie den Zuwachs des Volksreichthums aufgehalten hat, statt ihn zu beschleunigen."[30]

Abschließend soll untersucht werden, ob Storch auch die individuelle Freiheit in seiner Theorie der "inneren Güter" als staatlich zu schützendes Gut behandelt. Im "Handbuch der Nationalwirthschaftslehre" geht er bei den Ausführungen zum "inneren Gut" "Sittlichkeit" auf den Aspekt der Freiheit ein, und zwar im Zusammenhang mit der Sklaverei, die um 1800 in Rußland sowohl im Lehn- als auch im Gewerbewesen verbreitet war.[31] Eine Aufgabe der Regierung sieht Storch in der Abschaffung der Sklaverei.

> "Die Sklaverei, wie jede, die Freiheit unterdrükkende Staatsverwaltung, ist eines der größten Hemmnisse der Bevölkerung"[32]

Von der Abschaffung der Sklaverei versprach sich Storch ein Anwachsen der Bevölkerung, das er uneingeschränkt als positiv bewertet. Darüber hinaus erwartet Storch einen höheren Grad an innerer Sicherheit, da die Abschaffung der Sklaverei soziale Spannungen beseitigt und vor allem eine weitere Arbeitsteilung erlaubt, d. h. zu steigendem Wohlstand der Gesellschaft führt. Storch beschreibt die Entwicklung einer Gesellschaft nach Abschaffung der Sklaverei wie folgt:

---

[29] Storch v., H., 1819, a.a.O., Bd. 2, S. 368f..

[30] Storch v., H., 1819, a.a.O., Bd. 2, S. 506.

[31] Es sei auf die Ausführungen in Kapitel A. 3.4, S. 22f. verwiesen.

[32] Storch v., H., 1819, a.a.O., Bd. 2, S. 462.

> "Eine Classe von Menschen, die bisher in Fesseln war, wurde derselben erledigt und widmete nun ihre Kräfte nicht mehr einzelnen Grundherren, sondern dem Gemeinwesen; dieses wurde jetzt die Angelegenheit Aller; die Reichen, ehemals geneigt zu unterdrücken und zu beherrschen, widerstreben einer guten Gesetzgebung, einer milden Regierung nicht länger."[33,34]

Unter dem Aspekt der "Sittlichkeit" geht Storch auch auf die Frage der Einkommensverteilung ein.[35] Nur wenn diese als gerecht bezeichnet werden kann, sind die "Sitten" in einer Gesellschaft aufrechtzuerhalten.[36] Distributive Eingriffe einer Regierung fordert Storch jedoch nicht.

Zusammenfassend kann festgehalten werden, daß es sich bei der "Theorie der inneren Güter" um eine deskriptive Theorie handelt, mit deren Hilfe staatliche Eingriffe teilweise gerechtfertigt werden könnten. Eine positiv orientierte Erklärung staatlicher Aktivität wird von Storch aber nicht geliefert. Die "Theorie der inneren Güter" kann demnach nicht mit einer Theorie der öffentlichen Güter gleichgesetzt werden. Auffallend ist allerdings, daß die heute diskutierten Aufgaben des Staates sämtlich in den Ausführungen "Von der geselligen Bildung" angesprochen werden.

---

33 Storch v., H, 1819, a.a.O., Bd. 2, S. 424.

34 Ingram vermutet, daß Storchs Forderung nach Abschaffung der Sklaverei die Übersetzung des "Handbuches der Nationalwirthschaftslehre" ins Russische verhindert hat. Vgl. Ingram, J. K., a.a.O., S. 241.

35 Vgl. Storch v., H., 1819, a.a.O., Bd. 2, S. 420 ff.

36 Kritisch zu hinterfragen wäre hier, ob die heutigen Begriffe von gerechter Einkommensverteilung und der Freiheit des Individuums mit den Vorstellungen Storchs vergleichbar sind.

6 "Dienste" und "innere Güter" in der deutschen Nationalökonomie vor Heinrich v. Storch

In diesem Kapitel soll untersucht werden, ob sich für Storchs "Theorie der inneren Güter" in der Dogmengeschichte Vorläufer finden lassen. Eventuelle Vorläufer werden dabei nur unter den deutschen Nationalökonomen gesucht, da sich diese von anderen besonders durch ihre Kritik am Smithschen Begriff der "unproduktiven Arbeit" unterscheiden. Gerechtfertigt ist diese Einschränkung, weil auch Storchs "Theorie der inneren Güter" eine Kritik an diesem Smithschen Begriff ist. Wie bereits erwähnt[1], betrat Storch mit seinen Überlegungen zur geselligen Bildung theoretisches Neuland, jedoch lassen sich in der deutschen Nationalökonomie Vorläufer seiner Theorie identifizieren, ohne daß Storch deren Überlegungen im "Handbuch der Nationalwirthschatslehre" sichtbar verarbeitete.

Zunächst sei auf Graf Friederich Julius Heinrich von Soden mit seinem Hauptwerk "Die Nazional - Ökonomie"[2] hingewiesen. Zwar geht dieser nicht näher auf die durch "Dienste" produzierten "inneren Güter" ein, weist aber deutlich auf deren produktiven Charakter hin.

> "Alle Verrichtungen und Dienstleistungen also, die den Genuß, den Wohlstand der Menschen befördern und vermehren, also z. B. auch die Arbeiten der Gelehrten, es sey nun, daß sie unsern *physischen* (wie die Agronomen, Chemiker, u.s.w.) oder unsern *geistigen* Genuß (die Redner, Dichter, u.s.w.) erhöhen, sind *Produkte*, und ihre Schöpfer wahre Produzenten.
>
> Ebenso verhält es sich mit allen denjenigen Staatsdienern, deren Arbeit zur Erhaltung der Produkte, z. B. zu Sicherstellung des Eigenthums, der Gesundheit, u.s.w. unentbehrlich sind."[3]

Soden sieht die Wissenschaft als Bestandteil der "Urproduktion"[4] und die Künste als Teil der "industriellen Produktion" an.[5]

---

[1] Siehe hierzu Kapitel B. 1, S. 81.

[2] Soden, F. J. H. v., Die Nazional-Ökomomie, Ein philosophischer Versuch über die Quellen des Nazional-Reichthums und über die Quellen zu dessen Beförderung, 9 Bde., Leipzig, 1805-1824.

[3] Soden v., F. J. H., a.a.O., Bd. 1, 1805.

[4] In Bd. 2 bezeichnet Soden auch die Wissenschaft als industrielle Produktion. Vgl. Soden v., F. J. H., a.a.O., Bd. 2, S. 3ff..

[5] Vgl. Soden v., F. J. H., a.a.O., Bd. 4, S. 167f..

Wie Storch zeigt auch Soden den positiven Einfluß der "geselligen Bildung" auf die Produktion "materieller Güter", jedoch erkennt dieser nicht, daß die "körperliche Produktion" Voraussetzung zur Erstellung "immaterieller Waren" ist. Soden sieht nicht den wechselseitigen Zusammenhang der beiden Güterproduktionsarten, sondern verlangt Maßnahmen des Staates zur Förderung der "immateriellen Warenproduktion".

> "Wissenschaft und Künste, als die vorzüglichsten Hebel und Quellen des Nazional-Wohlstandes, sind also der höchsten Unterstützung des Staates werth"[6]

Auch für die Bildung schreibt Soden dem Staat eine regulierende Rolle zu.[7] Dieser von kameralistischem Gedankengut geprägte Autor steht dem Staat oder Einschränkungen der freien Konkurrenz weniger kritisch gegenüber als die englischen Klassiker. Jedoch wurde er auch von Adam Smith beeinflußt und versuchte, dessen Werk teilweise weiterzuentwickeln.

Des weiteren sei auf Gottlieb Hufeland verwiesen. Neben ökonomischen Fragen, bei denen er die Position eines Smithianers einnimmt, widmet er sich auch der Philosophie und der Jurisprundenz.

Auch Hufeland erkannte in seinem Werk "Neue Grundlegung der Staatswirthschaftskunst"[8], daß die "unkörperliche Arbeit" als produktiv bezeichnet werden muß und Güter erzeugt.

> "Den Diensten wird man ihre Qualität als Güter weniger bestreiten"[9],

wobei es sich hierbei nach Hufeland durchaus um dauerhafte Güter handelt.

Auch wenn diese Ökonomen bereits vor Storch den unhaltbaren Produktivitätsbegriff von Smith kritisierten, darf Storchs Leistung nicht unterschätzt werden. Storch behandelt die Problematik nicht nur sehr systematisch und ausführlich, sondern er öffnet die Ökonomie für neue Fragestellungen. Kein Ökonom vor Storch lieferte eine umfassende Theorie der "inneren" oder "unkörperlichen Güter".

---

6 Soden v., F. J. H., a.a.O., Bd. 4, S. 169.

7 Vgl. Soden v., F. J. H., a.a.O., Bd. 8, S. 3ff..

8 Hufeland,G., a.a.O.

9 Hufeland, G., a.a.O., Teil 1, S. 55.

Jedoch fanden die Überlegungen Storchs in der deutschen Nationalökonomie keine Berücksichtigung, und seine Gedanken wurden von den Theoretikern jener Zeit nicht weiterverfolgt. Selbst Rau, dem große Verdienste um die systematische Begründung der Nationalökonomie in Deutschland zugesprochen werden und der das "Handbuch der Nationalwirthschaftslehre" von Storch aus dem Französischen ins Deutsche übersetzte, stellte die Produktivität der "Dienste" wieder in Frage.[10] Roscher weist jedoch darauf hin, daß Hermanns Lehre vom Nationaleinkommen von Storchs Theorie profitierte.[11]

Einfluß hatten Storchs Gedanken allerdings auf den Franzosen Dunoyer[12], einem strengen Verfechter des Laissez-faire-Prinzips.[13] Weniger Storchs Aussagen über die "gesellige Bildung", sondern seine Diskussion über das Verhältnis von "produktiver" und "unproduktiver Arbeit" waren für Dunoyer bestimmend.[14]

Auch von Roscher und Seraphim wird Storchs Kritik an Smith positiv hervorgehoben. Roscher hält die Theorie "unkörperlicher Güter" an sich nicht für sonderlich fruchtbar, kritisiert einzelne Teile und beurteilt die Theorie eher als spitzfindig denn als scharfsinnig.[15] Ähnlich fällt die Beurteilung Seraphims aus, der schon die Problemstellung als unhaltbar ansieht, da sie über die Aufgaben der ökonomischen Wissenschaft hinausgehe.[16] Zwar glaubt er, daß Gesundheit, "Geschicklichkeit" und Wissen zur Erklärung wirtschaftlicher Vorgänge herangezogen werden sollten, eine Theorie der "geselligen Bildung" aber ins Uferlose und zu Dilettantismus führt. Die Ausführungen in dieser Arbeit sollten eine Diskussion dieser Kritik erübrigen.

---

10 Vgl. Rau, K. H., Lehrbuch der politischen Ökonomie, 3 Bde., Heidelberg 1826, Bd. 1, Grundsätze der Volkswirtschaftslehre, S. 100f..

11 Vgl. Roscher, W., a.a.O., S. 811.

12 Dunoyer, C., De la liberte du travail, Paris, 1845.

13 Vgl. Stavenhagen, G., Geschichte der Wirtschaftstheorie, Göttingen, 1964, S. 99.

14 Vgl. Ingram, J. K., a.a.O., S. 241.

15 Vgl. Roscher, W., a.a.O., S. 807.

16 Vgl. Seraphim, H. J., a.a.O., S. 328f..

C Abschließende Würdigung

In diesem abschließenden Kapitel gibt Teil 1 zusammenfassend die wichtigsten Ergebnisse der vorliegenden Arbeit noch einmal wieder.

Teil 2 weist auf offene Fragen hin, die als Anregungen für mögliche weitere Untersuchungen zum Werk Heinrich v. Storchs anzusehen sind.

1 Zusammenfassung der Ergebnisse

Kapitel A dieser Arbeit lieferte zunächst einen kleinen Überblick über den Lebensweg Heinrich v. Storchs. Darüber hinaus schildert dieses Kapitel - parallel zur Beschreibung der historischen Situation Rußlands - Storchs Rolle in der russischen Wirtschaftspolitik. In der politischen Diskussion vertrat Storch einen liberalen Standpunkt und forderte eine langsame, von staatichen Eingriffen freie, aber kontinuierliche Industrialisierung des russischen Reiches.

Daneben wurde in Kapitel A das Storchsche Werk in die Theoriengeschichte der Volkswirtschaftslehre eingeordnet. Hierbei zeigt sich, daß der induktiv vorgehende Theoretiker Storch - besonders im Rahmen seiner Stufentheorie - zwar Gedanken der historischen Schule vorwegnimmmt, grundsätzlich jedoch als Klassiker bzw. Smithianer eingestuft werden muß. Bei der Darstellung von Storchs Stufentheorie wurde auch deutlich, daß er Vorläufer jener Theoretiker ist, die, im Rahmen der Außenwirtschaftstheorie, zwischen "Schuldner-" und "Gläubigerländern" unterscheiden.

Der kurze Einstieg in das "Handbuch der Nationalwirthschaftslehre" zeigte darüber hinaus, daß Heinrich v. Storchs ökonomische Überlegungen weitergingen als die von Adam Smith. So äußerte Storch bereits Gedanken, die später durch David Ricardos "Principles" berühmt wurden. Besonders hinzuweisen ist in diesem Zusammenhang auf Storchs Rententheorie, in der er aufzeigte, wie Angebot und Nachfrage auf die "ursprüngliche Rente" wirken. Daneben wurde sichtbar, daß Storch bereits vor Ricardo die Differentialrente kannte.

Wie Schumann zeigen konnte, geht Storch auch bezüglich der komparativen Kostenvorteile als Ursache für Außenhandel Ricardo zeitlich voraus. Bernholz wies darüber hinaus darauf hin, daß Storch sich - anders als die englischen Klassiker - bereits mit dem Phänomen der Über- und Unterbewertung einer Währung auseinandersetzte.

In Kapitel B dieser Arbeit wurde dann das Thema der "geselligen Bildung" bzw. der "inneren Güter" aufgegriffen. Mit seinen diesbezüglichen Ausführungen betrat Storch theoretisches Neuland. In Abschnitt 1 des Kapitels B, wurde zunächst der Storchsche Begriffsapparat vorgestellt und darauf hingewiesen, daß Storch neben der Arbeitsteilung auch die Wissensteilung untersuchte. Die Bedeutung der Wissensteilung war anderen Ökonomen jener Zeit noch nicht bewußt und diese Fragestellung fand erst im Werk von Hayek wieder Beachtung.

Storch bezeichnet die "inneren Güter" als festen Bestandteil des menschlichen Wesens und erfaßt darunter alle

> "unkörperlichen Früchte der Natur und der Arbeit, in denen der Mensch eine Nützlichkeit findet."[1]

Auslösendes Moment für Storchs Untersuchung dieser Güterkategorie war insbesondere der nicht haltbare Begriff der "unproduktiven Arbeit" bei Smith. In Abschnitt 2 wurde dieser Begriff mit Storchs Terminologie verglichen. Der "unproduktiven" stellt Storch die Bezeichnung "unfruchtbare Arbeit" gegenüber. Hierunter wird jener Teil der Arbeit erfaßt, welcher zur Erreichung eines angestrebten Zustandes unnötig ist. Weitergehend wurde in Abschnitt 2 gezeigt wie Storch verdeutlicht, daß auch Arbeit, die kein materiell faßbares Produkt herstellt, "produktiv" ist.

Weiterhin wurde in Kapitel B, Abschnitt 2, gezeigt, daß Storch teilweise von der klassischen Lohntheorie abweicht. Besonders auffallend ist in diesem Zusammenhang die "Rente der Talente", die insbesondere solchen Arbeitern zufällt, die über besondere "Naturanlagen" verfügen.

Storch geht in seinen Ausführungen über die sogenannte objektivistische Lohn- und Kostentheorie der englischen Klassiker hinaus. Dies erfolgt durch explizite Berücksichtigung subjektiver Merkmale, wie es in der marginalistischen Wirtschaftstheorie üblich ist. Darüber hinaus weist Storch auf den

---

1 Storch v., H., 1819, a.a.O., Bd. 2, S. 341.

Einfluß der Faktorspezifität bezüglich der Einkommenshöhe hin. Derartige Überlegungen lassen sich heute in der Neuen Institutionenökonomik wiederfinden.

Außerdem zeigte dieser Abschnitt, daß Storch auch wirtschaftssoziologische Überlegungen zur Stellung leitender Angestellten vorwegnimmt. So lassen sich sowohl Ansatzpunkte der Delegationstheorie als auch qualifikationstheoretische Überlegungen zur Erklärung des Angestelltenstatus bzw. zur Stellung von Dienstleistenden im Betrieb finden.

In Abschnitt 3 des Kapitels B wurden die Beziehungen von "inneren Gütern", Volkseinkommen und volkswirtschaftlichem Überschuß untersucht. Es ist Heinrich von Storch, der als erster Ökonom die Bedeutung der "Dienste", also jener Arbeit, die zur Erstellung der "inneren Güter" nachgefragt wird, für eine Volkswirtschaft einzuordnen weiß. Dementsprechend betont er auch explizit die positive Beeinflussung des Volkseinkommens und der Vermögensentwicklung durch diese Arbeitsart.

Mit Hilfe einfacher Kreislaufschemata wurde anschließend gezeigt, daß die "immaterielle Arbeit" einen Beitrag zum volkswirtschaftlichen Überschuß leistet. Bei der Darstellung wurde ebenfalls deutlich, daß sich der Verbrauch an "inneren Gütern" als Humankapitalinvestition deuten läßt. Die Theorie der "inneren Güter" kann somit auch als eine Theorie zu Fragen des Humankapitals interpretiert werden.

Von besonderem Interesse ist es weiterhin, daß sich im "Handbuch der Nationalwirthschaftslehre" und in den "Betrachtungen über die Natur des Nationaleinkommens" Parallelen zwischen der "Theorie der inneren Güter" und der neuen Konsumtheorie ziehen lassen. Dieser Aspekt wurde in Abschnitt 4 näher untersucht. So ist der Umstand, daß Dienste zur Bereitstellung mehrerer "innerer Güter" genutzt werden können, dem Begriff der Gütereigenschaften, wie ihn Lancaster prägte, sehr ähnlich. Ebenso fällt jedem Wirtschaftssubjekt, das "innere Güter" nachfragt, die Rolle eines Produzenten von Verbrauchsleistungen im Beckerschen Sinn zu. Wie in Beckers Theorie muß der Konsument bei Storch zur Produktion "innerer Güter" ein Marktgut und den Faktor Zeit in einer Produktionsfunktion kombinieren.

In Abschnitt 5 des Kapitels B wurde versucht, Storchs Ausführungen über die "inneren Güter" als eine Theorie der öffentlichen Güter zu interpretieren.

Storchs Überlegungen zur "geselligen Bildung" konnten jedoch nicht als eine positive Theorie zur Erklärung staatlicher Eingriffe interpretiert werden. Auffallend ist aber, daß alle heute diskutierten staatlichen Aufgaben auch in den Ausführungen "Von der geselligen Bildung" angesprochen werden.

Diese kurze Zusammenfassung der Ergebnisse zeigt, daß Heinrich von Storch in vielen Punkten Ökonomen seiner Zeit voraus war und Gedanken vortrug, die erst in der jüngeren Vergangenheit, unabhängig von Storch, in der wirtschaftswissenschaftlichen Literatur an Bedeutung gewannen. Eine Aufarbeitung des Storchschen Gesamtwerkes erscheint somit vielversprechend.

2 Offene Fragestellungen und Aufgaben

Diese Arbeit konnte nur einen Einstieg in das "Handbuch der Nationalwirthschaft" liefern und lediglich die Theorie der "Geselligen Bildung" bzw. der "inneren Güter" näher betrachten. Jedoch zeigen bereits die hier gefundenen Ergebnisse, daß Heinrich v. Storch und sein Werk in der wirtschaftswissenschaftlichen Dogmengeschichte bislang zu unrecht vernachlässigt wurden. Eine umfassende Würdigung Storchs kann nur gelingen, wenn auch in Zukunft eine Auseinandersetzung mit seinem Werk erfolgt.

So bedarf zunächst das "Handbuch" weiterer Untersuchungen. Erfolgversprechend erscheint insbesondere eine Analyse der geldtheoretischen Ansätze und der Entwicklungstheorie. Im Vergleich zu anderen Vertretern der klassischen Schule müßte untersucht werden, wie sich nach Storch Löhne, Zinsen und das Volkseinkommen im Zeitablauf entwickeln.[2] Ein Vergleich zu den Überlegungen von z. B. Malthus erscheint durchaus vielversprechend. Hierbei sollte auch versucht werden, Storchs Theorie in der modernen Terminologie der Wirtschaftswissenschaften auszudrücken, wie dies bereits mehrfach für die "Wachstumstheorie" von Malthus geschah.[3] Zu prüfen wäre auch, inwieweit sich Say und Storch in ihren Werken gegenseitig beeinflußt haben.[4]

Ausgangspunkt einer weiterführenden Arbeit könnte auch die Frage sein, inwieweit sich in Storchs Ausführungen zu den Wirkungen der Sklaverei bereits Gedanken finden lassen, die später Gary S. Becker in seiner Ökonomie der Diskriminierung vorträgt.[5] Auch beschreibt Storch,[6] wie später ebenfalls Becker, aus einem ökonomischen Blickwinkel die Bedeutung der Quantität als auch die Konsequenzen der angestrebten Qualität von Kindern für den

---

2 Diese Thematik wird in dieser Arbeit zwar angsprochen, bedarf aber weiterer intensiver Untersuchungen.

3 Es sei hier hingewiesen auf Eltis, W. A., Mathus's Theory of Effective Demand and Growth, in: Oxford Economic Papers, Vol. 32, S. 19-56, 1980 und Coatabile, L., Rowthorn, B., Malthus's Theory on Wages and Growth, in: The Economic Journal, Vol. 95, S. 418-437, 1985.

4 Siehe hierzu die Hinweise in dieser Arbeit.

5 Vgl. Becker, G. S., The Economics of Discrimination, 2. Aufl., Chicago, 1971. Zitiert nach: Der ökonomische Ansatz zur Erklärung menschlichen Verhaltens, Hrsg.: Boettcher, E., Tübingen, 1982, S. 16.

6 Vgl. Storch v., H., 1825, a.a.O., S. 79ff..

Haushalt.[7] Seine Ausführungen hierzu sind auch ein Indiz dafür, daß ökonomische Analyse und andere sozialwisssenschaftliche Disziplinen zu jener Zeit noch keiner strengen Teilung unterlagen.[8]

Darüber hinaus ist es notwendig, die weiteren Schriften Storchs, die in Kapitel A genannt wurden, näher zu analysieren, um so zu einer Würdigung des Gesamtwerkes zu gelangen. Eine solche kann aber nur unter Berücksichtigung der russischen Publikationen Storchs und der russischen Sekundärliteratur realisiert werden.[9]

Da Storch auch statistisch/empirisch gearbeitet hat bzw. immer wieder Beispiele aus der historischen Situation Rußlands vorführt, dürfte sein Werk auch für Wirtschaftshistoriker von Interesse sein. Daß die Beschäftigung mit Storch auch für Wirtschaftssoziologen ein Gewinn sein kann, zeigten einige Hinweise und Ausführungen in dieser Arbeit.

Interessant erscheinen ebenfalls Storchs staatsphilosophische Ausführungen, die sich breit gestreut in den verschiedensten Kapiteln des "Handbuches der Nationalwirthschaftslehre" finden lassen. Es drängt sich die Frage auf, inwieweit Storch von den diesbezüglichen Lehren der englischen Klassiker, insbesondere Bodin und Hobbes, abweicht. So wäre zu prüfen, ob die Überlegungen Storchs ihre Wurzeln nicht eher bei Johannes Althusius oder Hugo de Groot haben. Ebenso lohnt es sich zu untersuchen, ob Storchs Ausführungen zur Staatstheorie zu denen Rousseaus und dessen "volonté générale" komplementär sind. Interessant ist hierbei die Frage, von welcher Art des Naturzustandes Storch ausgeht, d. h. in welchem Zustand ein Volk seiner Meinung nach lebt, bevor es die erste Stufe der Bereicherung erreicht hat. Herrscht bereits hier der Kampf "Jeder gegen Jeden", wie Hobbes ihn als Naturzustand erwartet, oder glaubt Storch eher an eine natürliche Freiheit, wie Rousseau sie beschreibt und die bei diesem durch die Vergesellschaftung verloren geht?

---

7 Vgl. Becker, G. S., Lewis, G. H., On the Interaction between the Ouantity and Quality of Children, in: Journal of Political Economy, Vol. 81, No. 2, Part 2, 1973, S. 279-288. Deutsche Übersetzung: Zur Beziehung zwischen Qualität und Quantität von Kindern, in: Der ökonomische Ansatz zur Erklärung menschlichen Verhaltens, Hrsg.: Boettcher, E., Tübingen, 1982, S. 214-225.

8 Spätestens seit Becker hat der Grad dieser Teilung wieder abgenommen.

9 Quellenhinweise auf russische Sekundärliteratur lassen sich finden bei Kahan, A., a.a.O., S. 59 und Kahan, A., Observation on Petrine Foreign Trade, in: Canadian-American Slavic Studies, Vol. 8, No 2, S. 222-236, 1974, S. 232.

Sicher lassen sich noch weitere interessante Fragestellungen finden, deren Beantwortung zu einer vollständigen Würdigung Storchs notwendig ist. Die vorliegende Arbeit kann nur einen ersten Beitrag zu einer solchen Würdigung liefern, aber - um es mit den Worten von Rousseau zu sagen -

> "ich glaube, daß man die Aufmerksamkeit der Öffentlichkeit auf diesen Gegenstand lenken muß. Sollten meine Gedanken falsch sein, so hätte ich meine Zeit nicht ganz verloren, wenn ich andere zu richtigen Gedanken angeregt hätte. Wer heute sein Werk ... der Öffentlichkeit übergibt, der braucht nicht zu fürchten, daß man seine Irrtümer ohne Prüfung hinnimmt."[10]

[10] Rousseau, J.-J., Émile ou de l'Éducation, La Haye, Néaulme, 1762. Deutsche Übersetzung von Schmidts, L., Emil oder Über die Erziehung, Paderborn u.a., 1983, S. 5.

Literaturverzeichnis

Abb, Fritz, Der Einfluß der Außenwirtschaft auf das ökonomische Wachstum unter Berücksichtigung empirisch gewonnener Werte, in: Zeitschrift für die gesamte Staatswissenschaft, Bd. 114, S. 664-698, Tübingen, 1958.

Alasco, Johannes, Intellectual Capitalism, New York, Montreal, London, 1950.

Albers, Willi u.a., (Hrsg.), Handwörterbuch der Wirtschaftswissenschaften, Stuttgart u.a., 1977.

Alchian, Armen A., u.a., Ökonmische Theorie der Unternehmensentstehung, in: Schriftenreihe des Instituts für allgemeine Wirtschaftsforschung an der Albert-Ludwigs-Universität Freiburg, Bd. 27, Freiburg, 1988.

Alchian, Armen A., Specifity, Specialisation and Coalitions, in: Journal of Institutional and Theoretical Economics, Band 140, 1984, S. 34-49.

Alchian, Armen A., Demsetz, Harald, Production, Information Costs, and Economic Organization, in: American Economic Review, 62, 1972, S. 777-795.

Allgemeines Schriftsteller und Gelehrten Lexikon der Provinzen Livland, Esthland und Kurland, bearbeiteit von **Recke v., Johannes F., Napiersky, Karl E.**, Mitau 1832-1859/61, 5 Bde., Neudruck der Originalausgabe, Berlin, o.J..

Becker, Gary S., A Theory of the Allocation of Time, in: The Economic Journal, Vol. 75, S. 493-517, 1965.

Becker, Gary S., The Economics of Discrimination, 2. Aufl., Chicago, 1971.

Becker, Gary S., Lewis, H. Gregg, On the Interaction between the Ouantity and Quality of Children, in: Journal of Political Economy, Vol. 81, No. 2, Part 2, 1973, S. 279-288. Deutsche Übersetzung: Zur beziehung zwischen Quantität und Qualität von Kindern, in: Der ökonomische Ansatz zur Erklärung menschlichen Verhaltens, Hrsg.: **Boettcher, E.**, Tübingen, 1982, S. 214-225.

Berle, Adolf A., Means, Gardiner C., The Modern Corporation and Private Property, 1. Aufl. 1932, New York, 1950.

Bernholz, Peter, Flexible Exchange Rates in Historical Perspectives, Princeton Studies in International Finance, Princeton, 1982.

Bernholz, Peter, Inflation and Monertary Constitutions in Historical Perspective, in: Kyklos, Vol. 36, 1983, S. 397-419.

Bernholz, Peter, Gärtnern Manfred, Heri, Erich W., Historical experience with flexible Exchange Rates, in: Journal of International Economics, Vol. 19, S. 21-45, 1985.

Bernholz, Peter, Inflation, Monetary Regime and the Financial Asset Theory of Money, in: Kyklos, Vol. 41, 1988, S. 5-34.

Blackwell, William L., The Beginnings of Russian Industrialisation 1800 - 1860, Princeton, New Jersey, 1968.

Blaug, Mark, Economic Theory in Retrospect, rev. ed., 1968. Systemsatische Theoriengeschichte der Ökonomie, 3 Bde., München, 1971.

Blaug, Mark, Great Economists before Keynes, Brighton, 1986.

Blaug, Mark, Economic History and the History of Economics, Brighton, 1986.

Boettcher, Erik, (Hrsg.), Der ökonomische Ansatz zur Erklärung menschlichen Verhaltens, Tübingen, 1982.

Boggs, T. H., The International Trade Balance in Theory and Practice, New York, 1922.

Bombach, Gottfried, Gahlen, Bernhard, Ott, Alfred E., (Hrsg.), Neuere Entwicklungen in der Theorie des Konsumentenverhaltens, Tübingen, 1987.

Bonus, Holger, Illegitime Transaktionen, Abhänigkeiten und institutioneller Schutz, in: Hamburger Jahrbuch für Wirtschafts- und Gesellschaftspolitik, 32, 1987, S. 87-107.

Borchert, Manfred, Grossekettler, Heinz, Preis- und Wettbewerbstheorie, Stuttgart u.a., 1985.

Coase, Ronald R., The Nature of the Firm, in: Economia, Nr. 4, 1937, wiederabgedruckt in: Readings in Price Theory, Hrsg.: **Stigler, George J., Boulding, Kenneth E.**, London, 1953, S. 331-351.

Coatabile, Lilia, Rowthorn, Bob, Malthus's Theory on Wages and Growth, in: The Economic Journal, Vol. 95, S. 418-437, 1985.

Croner, Fritz, Die Angestellten in der modernen Gesellschaft, Frankfurt a. M., Wien, 1954.

Croner, Fritz, Soziologie der Angestellten, Köln, Berlin, 1962.

Dunoyer, Charles, De la liberté du travail, Paris, 1845.

Eltis, W. A., Malthus's Theory of effective Demand and Growth, in: Oxford Economic Papers, Vol. 32, S. 19-56, 1980.

Forstmann, Albrecht, Die Grundlagen der Außenwirtschaftstheorie, Berlin, 1956.

Fisher, Irving, Income in Theory and Income Taxation in Practice, in: Econometrica, 1937, S. 1-55.

Geyer, Dietrich, (Hrsg.), Wirtschaft und Gesellschaft im vorrevolutionären Rußland, Köln, 1975.

Goehrke, Carsten, Hellmann, Manfred, Lorenz, Richard, Scheibert, Peter, (Hrsg.), Rußland, Fischer Weltgeschichte, Bd. 31, Frankfurt, 1972.

Grimm, Jacob, Grimm, Wilhelm, Grimms Deutsches Wörterbuch, 16 Bde., Leipzig, 1893.

Grüll, Ferinand, (Hrsg.), Handbuch für leitende Angestellte Soziologie, 2 Bd., Darmstadt, 1962.

Gutenberg, Erich, Grundlagen der Betriebswirtschaftslehre, Bd. 1, 13. Aufl., Berlin, Heidelberg, New York, 1967.

Hartmann, Heinz, Arbeit, Beruf, Profession, in: Neue wissenschaftliche Bibliothek, Berufssoziologie, Hrsg.: **Luckmann, Thomas, Sprondel, Walter**, S. 36-52, Köln, 1972.

Hayek v., Friederich A., Economic and Knowledge, in: Economica, 1937, S. 33-45.

Hayek v., Friederich A., The Use of Knowledge in Society, in: The American Economic Review, 1945, S. 519-530.

Hayek v., Friederich A., Individualism and Economic Order, Chicago, 1948. Deutsche Übersetzung: **Hayek, Friederich A.**, Individualismus und Wirtschaftliche Ordnung, Erlenbach-Zürich, 1952.

Helmstädter, Ernst, Wie bilden sich die Marktpreise nach Adam Smith?, in: Studien zur Entwicklung der ökonomischen Theorie I, Schriften des Vereins für Socialpolitik, Bd. 115/I, Hrsg.: **Neumark, Fritz**, Berlin, 1981, S. 93 - 109.

Helmstädter, Ernst, Internationale Ungleichgewichte - gestörte Anpassungsprozesse Herausforderung für die Wirtschaftspolitik, in: Kommentare zur Wirtschaftspolitik, Nr. 1/89, Hrsg.: **Helmstädter, Ernst**, Institut für Industriewirtschaftliche Forschung, Münster, 1989.

Hermann, Friederich Benedikt Wilhelm, Staatwirthschaftliche Untersuchungen, München, 1832.

Hesse, Helmut, Außenhandel I: Determinanten, in: Handwörterbuch der Wirtschaftswissenschaften, Hrsg.: **Albers, Willi, u.a.**, S. 364-388, Stuttgart u.a., 1977.

Horn, Mechthild, Grundlagen zu einer Theorie der Zeitbudgetpolitik, Passau, 1984.

Hufeland,Gottlieb, Neue Grundlegung der Staatswirthschaftskunst, durch Prüfung und Berichtigung ihrer Hauptbegriffe von Gut, Wert, Geld und Volksvermögen mit ununterbrochener Rücksicht auf die bisherigen Systeme, Teil 1, Gießen-Wetzlar, 1807, Teil 2, Wien, 1815.

Ingram, John Kells, Geschichte der Volkswirtschaftslehre, Tübingen, 1905.

Issing, Otmar, (Hrsg.), Geschichte der Nationalökonomie, 2. Aufl., München, 1988.

Jevons, Stanley W., Theory of Political Economy, 1. Aufl. 1871, 4. Aufl., London, 1911. Erste deutsche Übersetzung: Die Theorie der politischen Ökonomie, Jena, 1924.

Kahan, Arcadius, Observation on Petrine Foreign Trade, in: Canadian-American Slavic Studies, Vol. 8, No 2, S. 222-236, 1974.

Kahan, Arcadius, Die Kosten der "Verwestlichung" in Rußland: Adel und Ökonomie im 18 Jahrhundert, in: Wirtschaft und Gesellschaft im vorrevolutionären Rußland, Hrsg.: **Geyer, Dietrich**, S.53-82, Köln, 1975.

Kamien, Morton, I., Schwartz, Nancy, L., Market structure and innovation, Cambridge, 1982.

Keiper, Joseph S., Kurnow, Ernest, Clark, Clifford D., Segal, Harvey H., Theory and Measurement of Rent, Philadelphia, New York, 1961.

Kleine, Gisela, Soziologie des Leitenden Angestellten, in: Handbuch für leitende Angestellte, Hrsg.: **Grüll, Ferinand**, Bd. 1, Soziologie, S. 17-156,Darmstadt, 1962.

Lancaster, Kelvin, Change and Innovation in the Technology of Consumption, in: American Economic Review, Papers and Proceedings, Vol. 56, S. 14-23, 1966

Lancaster, Kelvin, A New Approach on Consumer Theory, in: The Journal of Political Economy, Vol. 74, S. 132-157, 1966.

Lancaster, Kelvin, Consumer Demand, New York, London, 1971.

Lang, Franz P., Theorie des ungleichen Tauschs, in: WiSt, Nr. 11, 553-558, 1988.

Linder, Staffan B., The Harried Leisure Class, New York, London, 1970.

List , Friederich, Das nationale System der politischen Ökonomie, in: Werke, 8 Bde., Hrsg.: **Beckenrath, Emil v., u. a.**, Bd. 6, Berlin, 1930.

List , Friederich, Le Système Naturel d'Économie Politique. Erste deutsche Übersetzung von Salin, Edgar und Sommer, Artur, Das natürliche System der politischen Ökonomie, in: Werke, 8 Bde., Hrsg.: **Beckenrath, Emil v., u. a.**, Bd. 4, Hrsg.: **Salin, Edgar, Sommer, Artur,** Berlin, 1927.

Luckenbach, Helga, Theorie des Haushaltes, Göttingen, 1975.

Luckenbach, Helga, Grundlagen der Theorie der Zeitallokation, in: WiSu, Nr. 1, S. 21-27, 1978.

Luckenbach, Helga, Neuere Ansätze in der mikroökonomischen Konsumtheorie, in: Neuere Entwicklungen in der Theorie des Konsumentenverhaltens, Hrsg.: **Bombach, Gottfried, Gahlen, Bernhard, Ott, Alfred E.**, S. 211-235, Tübingen, 1987.

Machlup, Fritz, Würdigung der Werke von Friederich A. von Hayek, Tübingen, 1977.

Malthus, Thomas Robert, An Essay on the Principles of Population, 1798.

Malthus, Thomas Robert, Principles of Political Economy, (erste Auflage 1820), New York, 1951.

Mangoldt, Hans v., Grundriß der Volkswirthschaftslehre, 2. Aufl., überarbeitet von **Kleinwächter, Friederich**, Wien, Pest, 1871.

Marshall, Alfred, Principles of Economics, 1. Aufl. 1890, 4.Aufl., Cambridge, 1898. Deutsche Übersetzung: Handbuch der Volkswirtschaftslehre, Stuttgart, Berlin, 1905.

Marx, Karl, Theorien über den Mehrwert, (Vierter Band des "Kapitals"), Erster Teil, Frankfurt a. M., 1968.

Marx, Karl, Das Kapital, Hrsg.: Institut für Marxismus-Leninismus beim ZK der SED, Frankfurt a. M., 1972.

Merton, Robert, K., The Sociology of Science, Chicago, 1973.

Mill, John Stuart, Principles of Political Economy, 1. Aufl. London 1849, 5. Aufl. London 1862. Deutsche Übersetzung: Grundsätze der politischen Oekonomie, Hamburg, 1864.

Mill, John Stuart, On Liberty, London, 1859. Deutsche Übersetzung von Borries v., A., Über Freiheit, Frankfurt a. M., 1969.

Niehans, Jürg, Klassik als nationalökonomischer Mythos, in: Zeitschrift für Wirtschafts- und Sozialwissenschaften, Vierteljahresschrift der Gesellschaft für Wirtschafts- und Sozialwissenschaften-Verein für Socialpolitik, Hrsg.: **Woll Artur, u.a.**, 109 Jg. 1989, Heft 1, S. 1-17.

Nötzhold, Jürgen, Wirtschaftspolitische Alternativen der Entwicklung Rußlands in der Ära Witte und Stoypin, München, 1964.

Ott, Alfred E., Winkel, Harald, Geschichte der theoretischen Volkswirtschaftslehre, Göttingen, 1985.

Pfähler , Wilhelm, Markt und Staat Ökonomische Begründungen der Staatstätigkeit, in: Handbuch Marktwirtschaft, Hrsg.: Vaubel, R., Barbier, H. D., S. 52-66, Pfullingen, 1986.

Pierer, H.A.,(Hrsg.), Universal-Lexikon oder vollständiges encyclopädisches Wörterbuch, 24 Bde., Altenburg, 1835.

Quesnay, Francois, Allgemeine Grundsätze der wirtschaftlichen Regierung eines ackerbautreibenden Reiches, vom französischen Original von V. Dorn übersetzt, in: Sammlung sozialwissenschaftlicher Meister, Physiokratische Schriften II, Hrsg.: **Waentig, Heinrich**, Jena, 1921.

Rau, Karl Heinrich, Lehrbuch der politischen Ökonomie, 3 Bde., Heidelberg 1826.

Rentrup, Konrad, Regulierung von Kommunikationsmärkten, in: Deutsch-polnische wirtschaftswissenschaftliche Studien, Bd. 7, Hrsg.: **Schumann, Jochen**, Probleme der Regulierung in den Volkswirtschaften Polens und der Bundesrepublik Deutschland, S. 103-115, Bad Honnef, 1987.

Rentrup, Konrad, Staat und Forschungsförderung, in: Westfälische Wilhelms-Universität Münster, Volkswirtschaftliche Diskussionsbeiträge, Nr. 112, 1988.

Ricardo, David, Principles of Political Economy and Taxation, 1. Aufl. London, New York 1817, 3. Aufl. 1821. Deutsche Übersetzung: Grundsätze der politischen Ökonomie und der Besteuerung, Hrsg.: **Neumark, Fritz**, Frankfurt, 1972.

Richta, Radovan, Richta-Report Politische Ökonomie des 20. Jahrhunderts, in: Marxismus Bibliothek, Hrsg.: **Richta, Radovan**, Bd. 10, Frankfurt a.M., 1971.

Robbins, Lionel, Robert Torrens and the Evolution of Classical Economics, London, New York, 1958.

Röpke, Wilhelm, Zum Transferproblem bei internationalen Kapitalbewegungen, in: Jahrbücher für Nationalökonomie und Statistik, Bd. 133, S. 225-240,Jena, 1930.

Roscher, Wilhelm, Geschichte der National-Oekonomik in Deutschland, München, 1874.

Rose, Klaus, Theorie der Außenwirtschaft, 9. Aufl., München, 1986.

Rousseau, Jean-Jacques, Émile ou de l'Éducation, La Haye, Néaulme, 1762. Deutsche Übersetzung von Schmidts, L.: Emil oder Über die Erziehung, Paderborn u. a., 1983.

Say, Joan Baptist, Traité d'Économie politique, 1. Aufl., Paris 1803, 3. Aufl., Paris, 1817. Deutsche Übersetzung: Darstellung der Nationalökonomie und der Staatswirthschaft, 2 Bde., Heidelberg, 1818.

Say, Jean Baptist, Cours complet d'Économie politique pratique, 6 Bde., Paris 1828/1829. Deutsche Übersetzung: Vollständiges Handbuch der National=Oekonomie, 6 Bde., Stuttgart, 1829/1830.

Schefold, B., Nachfrage und Zufuhr in der klassischen Ökonomie, in: Studien zur Entwicklung der ökonomischen Theorie I, Schriften des Vereins für Socialpolitik, Bd. 115/I, S. 53 - 91, Hrsg.: **Neumark, Fritz**, Berlin, 1981.

Schultz, Theodore W., Investing in People, University of California Press, Berkeley u.a., 1981.

Schachtschnabel, Hans G., Geschichte der volkswirtschaftlichen Lehrmeinungen, Stuttgart, Düsseldorf, 1971

Schumann, Jochen, Außenhandel III: Wohlfahrtseffekte, in: Handwörterbuch der Wirtschaftswissenschaften, Hrsg.: **Albers, Willi, u.a.**, Bd. 1, S. 403-426, Stuttgart u.a., 1977.

Schumann, Jochen, Das Volkseinkommen als volkswirtschaftlicher Überschuß, in: Das Wirtschaftsstudium (WiSu), Nr. 7, S. 339-343 und Nr. 8, S. 389-394, 1981.

Schumann, Jochen, Grundzüge der mikroökonomischen Theorie, Berlin u.a., 5. Aufl., 1987.

Schumann, Jochen, (Hrsg.), Probleme der Regulierung in den Volkswirtschaften Polens und der Bundesrepublik Deutschland, Deutsch-polnische wirtschaftswissenschaftliche Studien, Bd. 7, Bad Honnef, 1987.

Schumann, Jochen, Die Unternehmung als ökonomische Institution, in: Das Wirtschaftsstudium (WiSu), Nr. 4, S. 212-218, 1987.

Schumann, Jochen, Die Wegbereiter der modernen Preis- und Kostentheorie, in: Geschichte der Nationalökonomie, Hrsg.: **Issing, Otmar**, S. 123-149, 2. Aufl., München, 1988.

Schumann, Jochen, Wohlfahrtsökonomik, in: Geschichte der Nationalökonomie, Hrsg.: **Issing Otmar**, S.169-190, 2. Aufl., München, 1988.

Schumann, Jochen, Englische klassische Außenhandelslehren, ihre Rezeption und Weiterentwicklung in der deutschen klassischen Nationalökonomie des 19. Jahrhunderts, in: Studien zur Entwicklung der ökonomischen Theorie VI, Schriften des Vereins für Socialpolitik, Hrsg.: **Scherf, Harald**, S. 29 - 64, Berlin, 1988.

Schumpeter, Joseph A., Konjunkturzyklen, Bd. 1, Göttingen, 1961.

Schumpeter, Joseph A., Geschichte der ökonomischen Analyse, 2 Bde., Hrsg.: **Schumpeter, Elisabeth B.**, Göttingen, 1965.

Seraphin, Hans-Jürgen, Die Deutsch-russische Schule, in: Jahrbücher für Nationalökonomie und Statistik, Hrsg.: **Elster, Ludwig,** Bd. 122, S. 319-336, Jena, 1924.

Smith, Adam, An Inquiry into the Nature and Causes of Wealth of Nations, 1. Aufl. London 1776. Letzte deutsche Übersetzung von Recktenwald, H. C., Der Wohlstand der Nationen, Hrsg.: **Recktenwald, Horst Claus,** München, 1974.

Soden, Friederich Julius Heinrich v., Die Nazional - Ökomomie, Ein philosophischer Versuch über die Quellen des Nazional - Reichthums und über die Quellen zu dessen Beförderung, 9 Bde., Leipzig, 1805-1824.

Sombart, Werner, Die drei Nationalökonomien, 2. Aufl., Berlin, 1967.

Starbatty, Joachim, Klassischer Liberalismus, in: Handbuch Marktwirtschaft, Hrsg.: Vaubel, Roland, Barbier, Hans D., S. 82-89, Pfullingen, 1986.

Stavenhagen, Gerhard, Geschichte der Wirtschaftstheorie, Göttingen, 1964.

Stigler, George J., Boulding, Kenneth E., (Hrsg.), Readings in Price Theory, London, 1953.

Storch , Heinrich v., Cours d'Économie politique ou exposition des principes qui détérminent la propérité des nations: Ouvrage qui a servi à l'instruction de Leurs Altesse impérials les Grands-Ducs Nicolas et Michel, S. Petersburg, 1815. Deutsche Übersetzung von Rau, Karl H., Handbuch der Nationalwirthschaftslehre, 3 Bde., Hamburg, 1819.

Storch , Heinrich v., Betrachtungen über die Natur des Nationaleinkommens, Halle, 1825.

Studenski, Paul, The income of nations, 2 Bde., New York, 1961.

Torrens, Robert, The Economists Refuted; or, an Inquiry into the Nature and Extent of the Advantages derived from Trade: with Observations on the Expediency of making peace with France. And an Appendix, discussing the Policy of Prohibiting Corn in the Distilleries, London, 1808. Zitiert nach Robbins, L., Robert Torrens and the Evolution of Classical Economics, London, New York, 1958.

Torrens, Robert, An Essay on the External Corn Trade; containing an inquiry into the General Principles of that Important Branch of Traffic; an examination of the exeptions to which these principles are liable; and a comparative statement of the Effects which Restrictions on Importation and Free Intercourse,are calculated to produce upon Subsistence, Agriculture, Commerce, and Revenue, London, 1815. Zitiert nach Robbins, L., Robert Torrens and the Evolution of Classical Economics, London, New York, 1958.

Treue, Wilhelm, Wirtschaftsgeschichte der Neuzeit im 18 und 19 Jahrhundert, Bd.1, 3. Aufl., Stuttgart, 1973.

Turgot, Anne Robert Jacques, Réflexions sur la formation et la distribution des richesses, Paris , 1766. Deutsche Übersetzung: Betrachtungen über die Verteilung des Reichthums, in: Sammlung sozialwissenschaftlicher Meister, Physiokratische Schriften I, Hrsg.: **Waentig, Heinrich**, Jena, 1924.

Uebe, Götz, Joseph Lang aus Freiburg-Eine Kreislauftheorie von 1807 zwischen Quesnay und Marx, in: Jahrbücher für Nationalökonomie und Statistik, Vol. 204/1, 1988, S. 36-47.

Vaubel, Roland, Barbier, Hans D., (Hrsg.), Handbuch Marktwirtschaft, Pfullingen, 1986.

Viner, Jacob, Studies in the Theory of International Trade, New York, London, 1937.

Waentig, Heinrich, (Hrsg.), Sammlung sozialwissenschaftlicher Meister, Physiokratische Schriften II: Allgemeine Grundsätze der wirtschaftlichen Regierung eines ackerbautreibenden Reiches, Jena, 1921.

Waentig, Heinrich, (Hrsg.), Sammlung sozialwissenschaftlicher Meister, Physiokratische Schriften I: Betrachtungen über die Verteilung des Reichthums, Jena, 1924.

Wendt,Peter David, ohne Titel, Rigaer Stadtblatt, S.: 75-77, 84-86, 106-111, 117-119, Riga, 1837.

Williamson, Oliver, The Economic Institutions of Capitalism, Firms, Markets, Relational Contracting, New York, London, 1985.

Winkel, Harald, Die deutsche Nationalökonomie im 19 Jahrhundert, Darmstadt, 1977.

Winkel, Harald, Adam Smith und die deutsche Nationalökonomie 1776-1820, in: Studien zur Entwicklung der ökonomischen Theorie V, Hrsg.: **Scherf, Harald**, Schriften des Vereins für Socialpolitik, Berlin, 1986.

Woll, Artur, Wirtschaftspolitik, München, 1984.

Woll Artur, u.a., (Hrsg.), Zeitschrift für Wirtschafts- und Sozialwissenschaften, Vierteljahresschrift der Gesellschaft für Wirtschafts- und Sozialwissenschaften-Verein für Socialpolitik, 109 Jg. 1989, Heft 1.

Made in the USA
Monee, IL
24 October 2026

66036583R10090